LES BEAUX PETITS-LIVRES D'HELEN EXLEY:
des cadeaux pour la Vie

Sagesse du Millénium
Le bonheur existe
La paix soit avec toi
Dans la beauté je marcherai
Carpe Diem, savourons l'instant!
Parlez-moi de sagesse
Parlez-moi de courage
La gentillesse

... ...

© Éditions Exley sa 2001
13, rue de Genval   B - 1301 Bierges
Tél.: +32. 2. 654 05 02 - Fax : +32. 2. 652 18 34
e-mail: exley@interweb.be
© Helen Exley 2000
D 7003/ 2001/ 3   ISBN 2-87388-220-4
Imprimé en Chine
12 11 10 9 8 7 6 5 4 3 2
Tous droits réservés.

... ET DOUCEMENT VIENT LA SAGESSE

UN BEAU-PETIT-LIVRE EXLEY

EXLEY
PARIS • LONDRES

Quelle vie peut se comparer à ceci :
assis paisiblement près de la fenêtre
je regarde les feuilles tomber
et les fleurs s'épanouir
et les saisons aller et venir ?

HSUESH - TOU, (982 -1052)

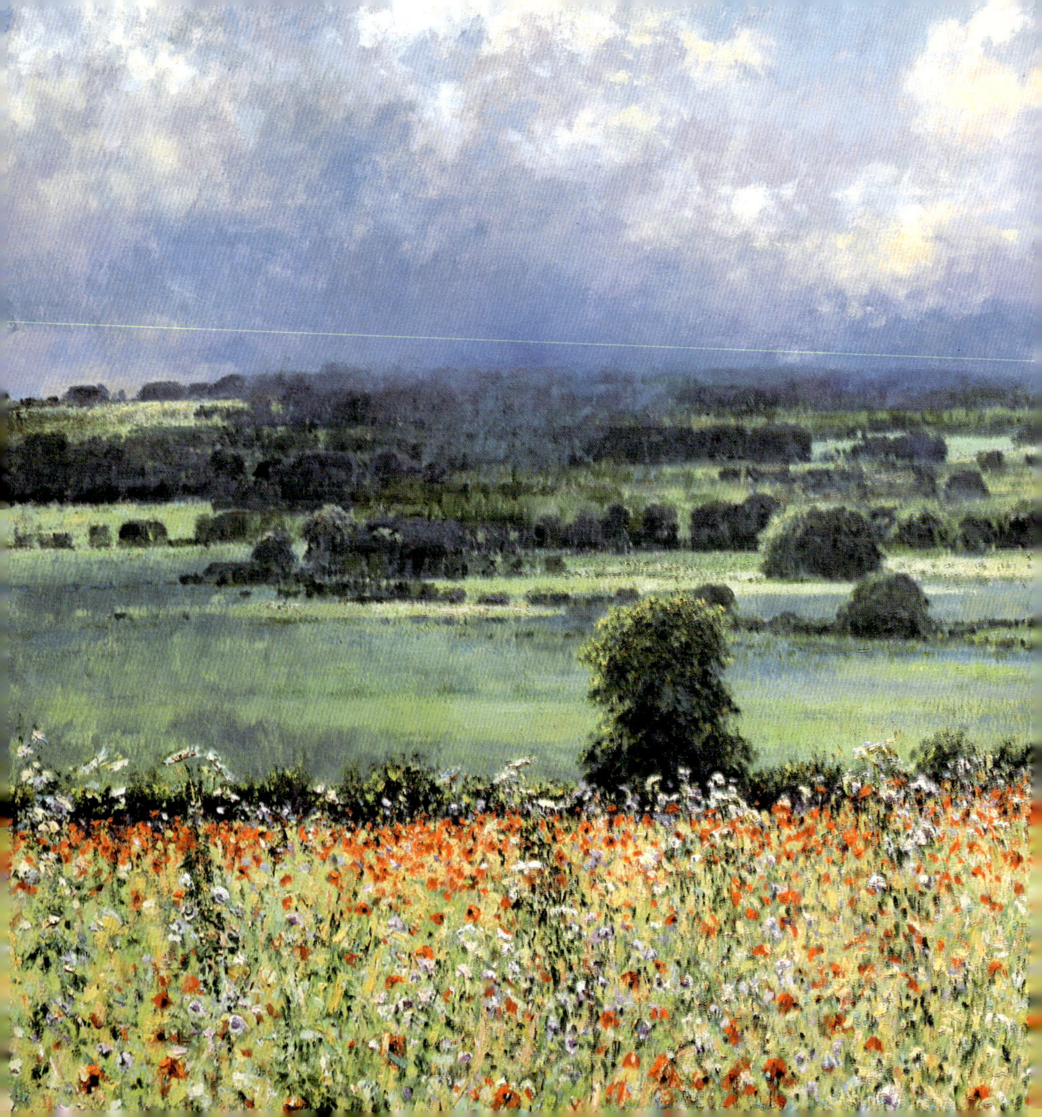

Nous avons besoin de
temps pour rêver,
de temps pour nous souvenir, et
de temps pour atteindre l'infini.
De temps pour être.

GLADYS TABER

(1899 - 1980)

(Il y a) une manière virginale de penser et d'agir: toujours entretenir en soi la petite flamme, la petite source chantante, l'une qui illumine et réchauffe notre vie intérieure, l'autre qui lui donne sa fraîcheur, sa limpidité, sa spontanéité: toujours être offensif, souvent agressif au regard de la vie, ouvert pour recevoir, comprendre, sympathiser, tendre pour rayonner et se donner, généreux, c'est à dire surabondant dans un double mouvement d'enrichissement et d'expansion: en un mot toujours créer, en soi ou hors de soi.

EMMANUEL MOUNIER, *«Dans une lettre à sa sœur Madeleine»*

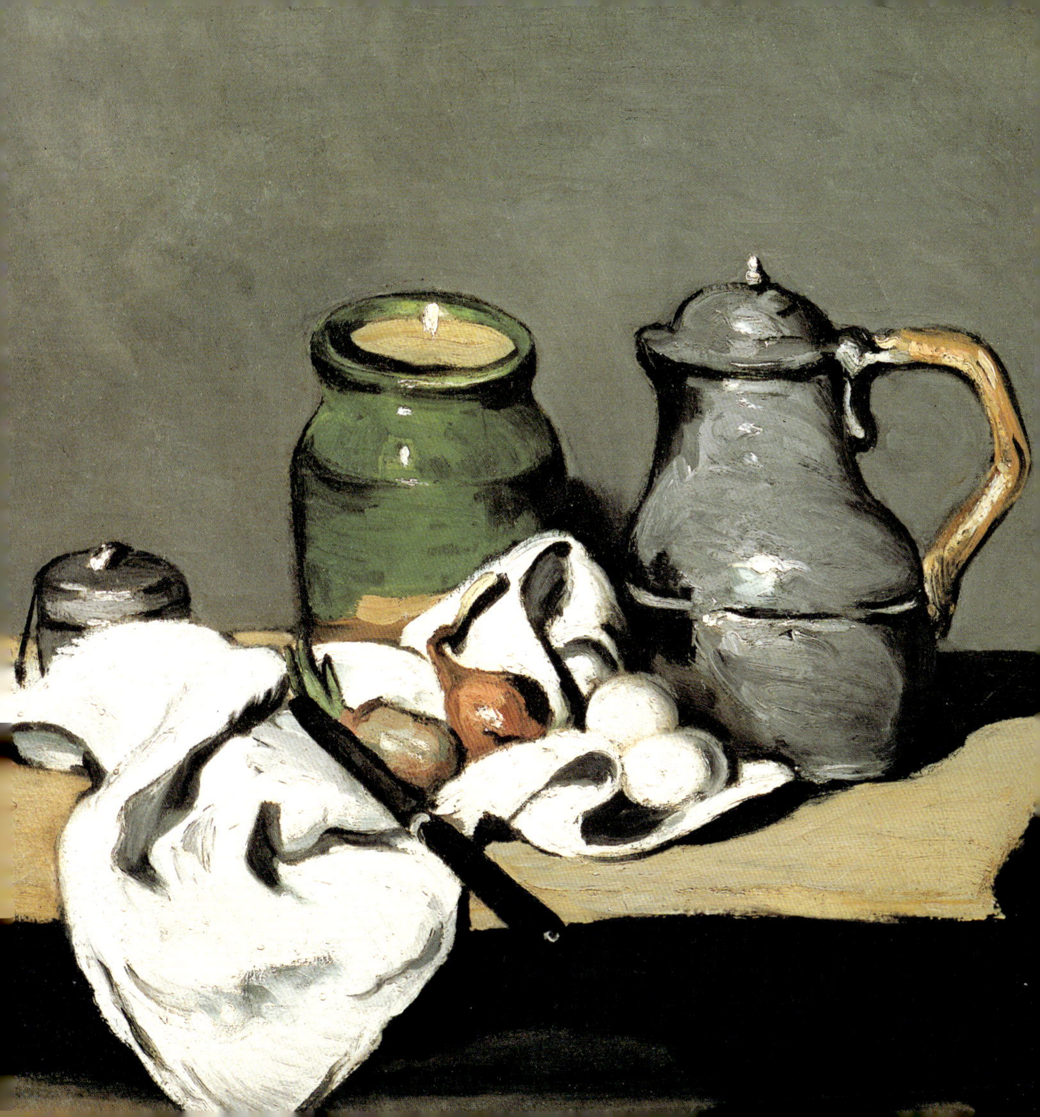

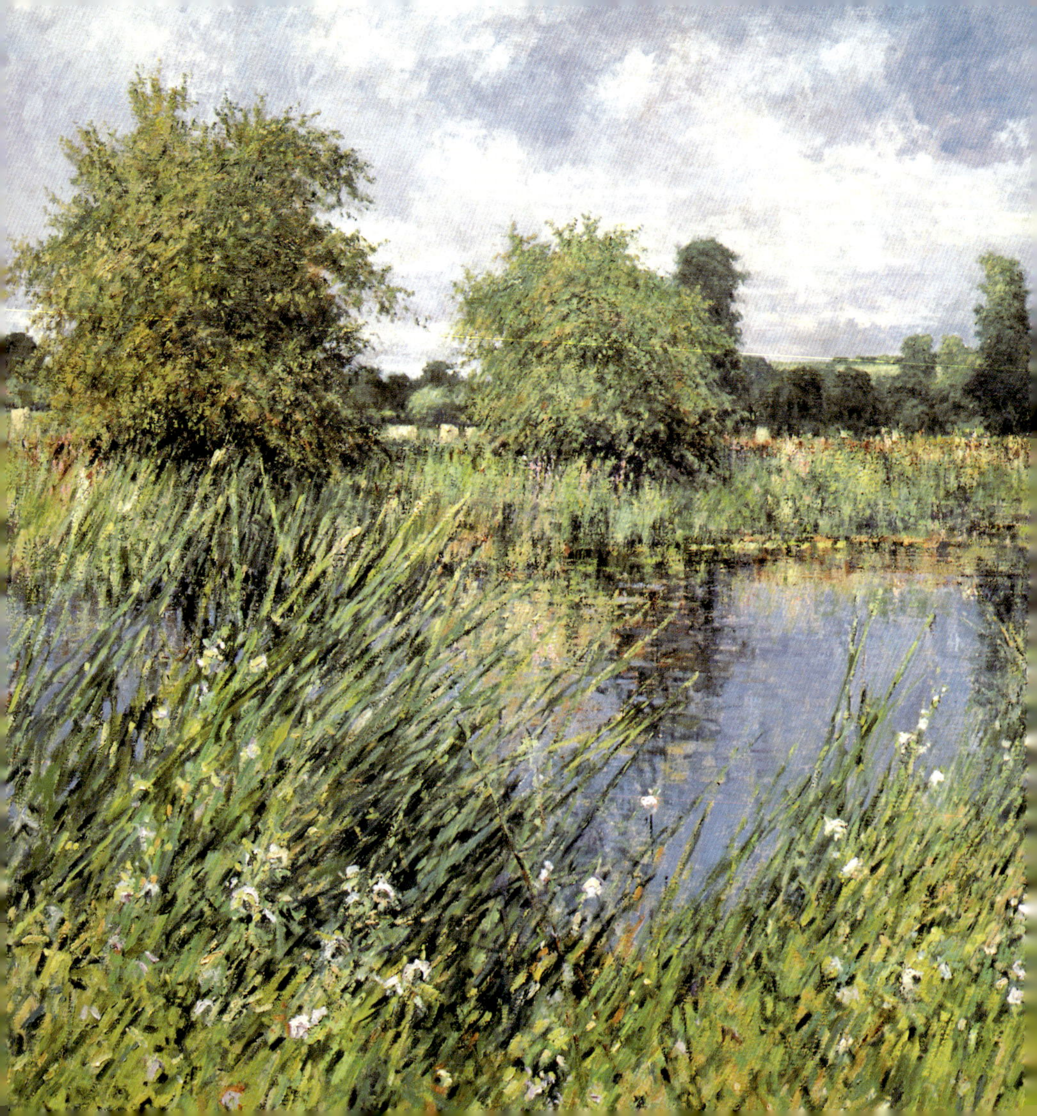

*Je m'allonge dans l'herbe
jusqu'à ce qu'une douce sérénité
pénètre mes os,
et que je ne fasse qu'un avec
les pâturages,
la nature encore verdoyante,
les traînées de nuages
et le vol des oiseaux.*

ALICE JAMES, (1848 - 1892)

*Je prospère et me nourris de cette chaude
journée comme le font les maïs et les melons.*

RALPH WALDO EMERSON, (1803 - 1882)

J'AI DÉCOUVERT
QUE TOUT LE MALHEUR DES HOMMES VIENT
D'UNE SEULE CHOSE,
QUI EST DE NE SAVOIR PAS DEMEURER EN REPOS,
DANS UNE CHAMBRE.

BLAISE PASCAL, (1623 - 1662)

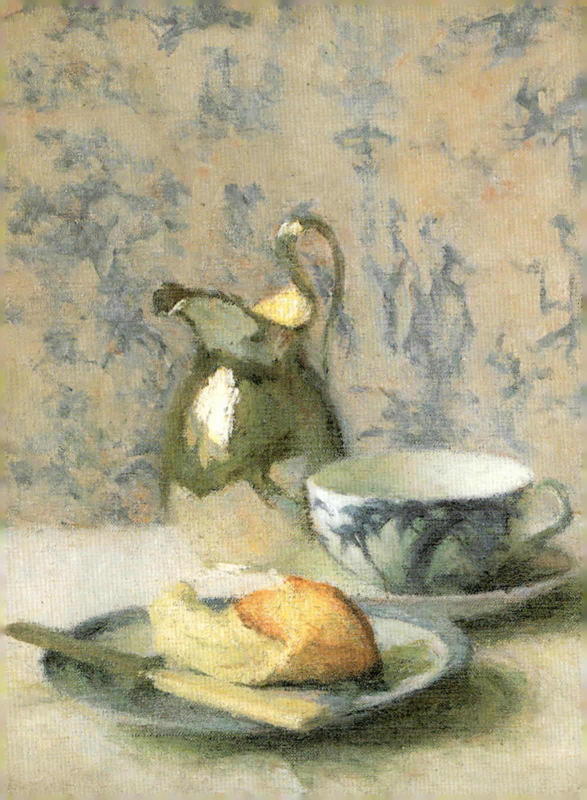

*O*n éprouve
une grande joie
à ne pas vouloir,
à ne pas être
quelque chose,
à n'aller
nulle part.

J. KRISHNAMURTI
(1895 - 1986)

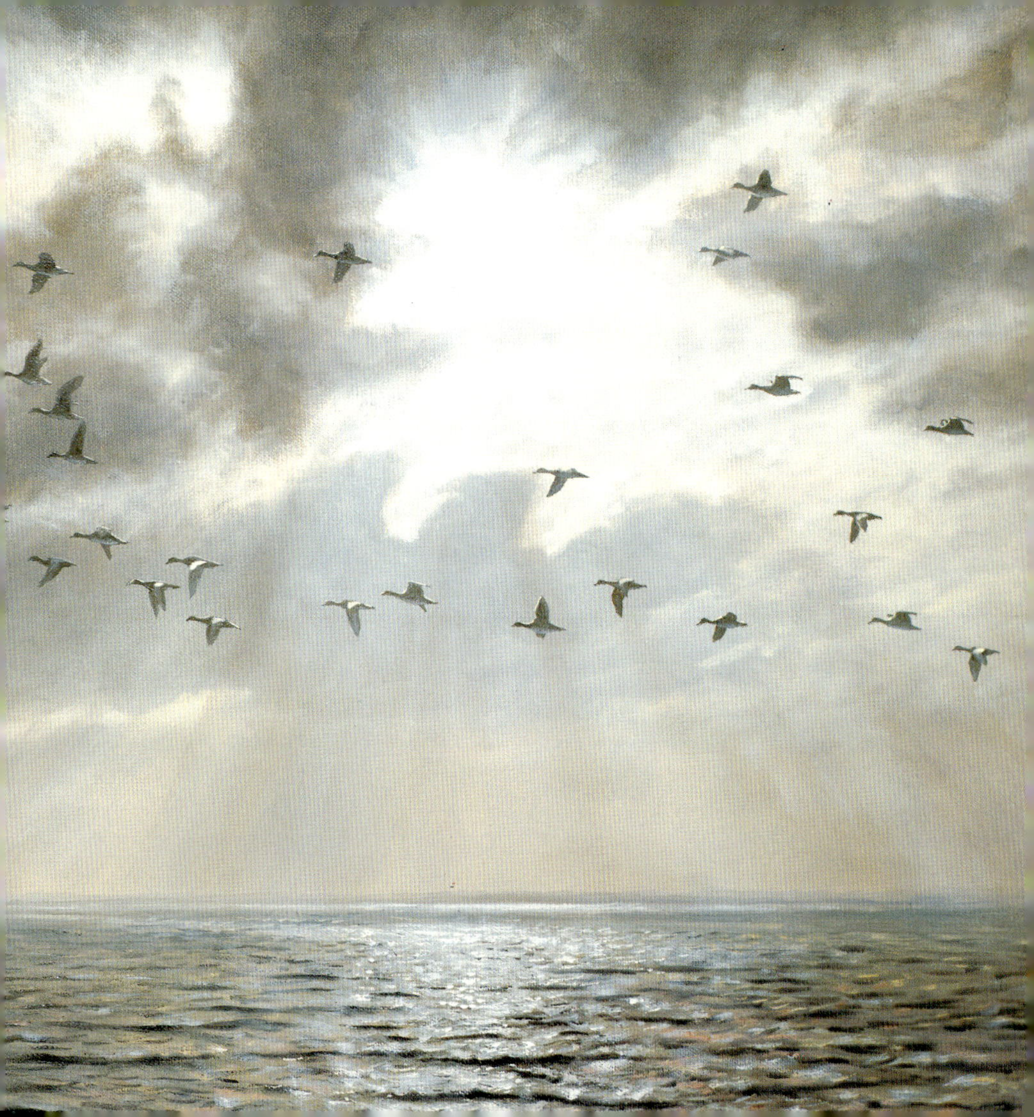

Vous n'avez pas besoin de quitter votre pièce...

Restez assis à votre table et écoutez.

Ne faites pas qu'écouter, contentez-vous d'attendre.

Ne faites pas qu'attendre, restez imperturbable et seul.

Le monde se livrera librement à vous, sans masque.

Il n'a pas le choix.

Il se roulera d'aise à vos pieds.

FRANZ KAFKA, (1883 - 1924)

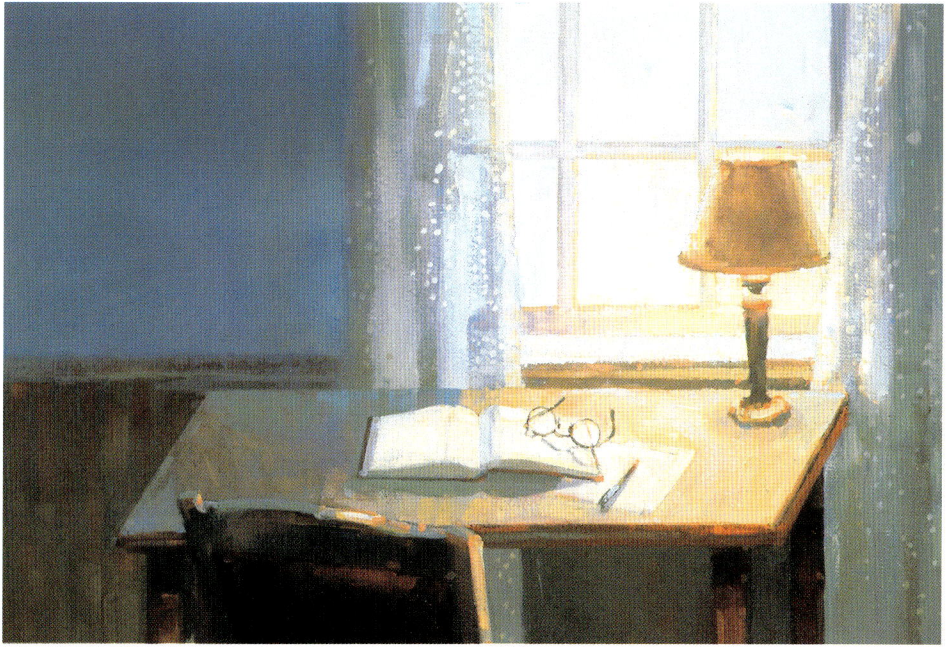

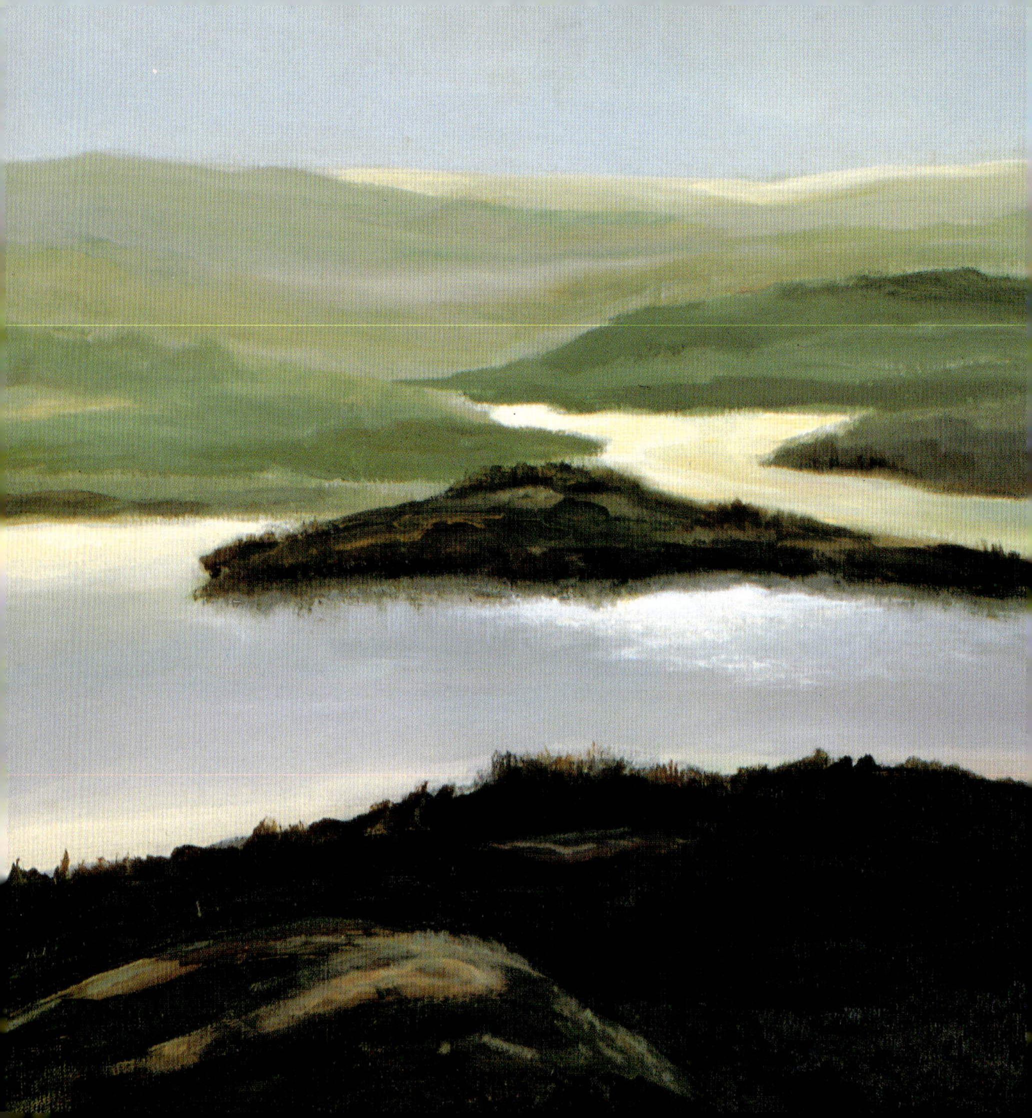

La connaissance était présente en toute chose.
Le monde était une bibliothèque et ses livres étaient
les roches, les feuilles, l'herbe, les ruisseaux...
Nous avions appris à faire ce que seuls les disciples de la nature
ont réellement appris: ressentir la beauté.

LUTHER OURS DEBOUT, (1868 - 1939)

Les heures, lorsque l'esprit

s'imprègne de beauté,

sont les seules que nous vivons.

RICHARD JEFFRIES, (1848 - 1887)

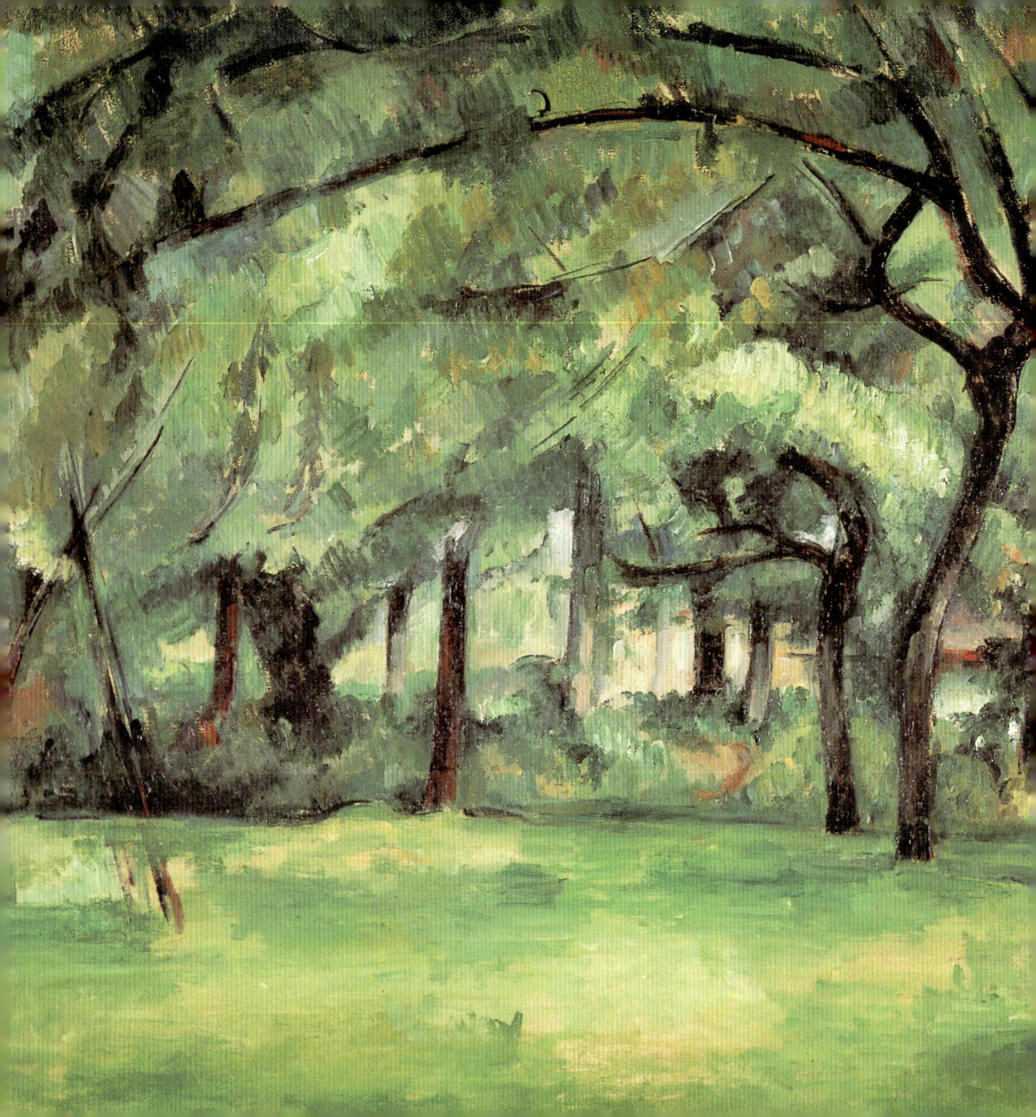

Lui [l'indien américain] croit profondément au silence, signe d'un parfait équilibre. Le silence assure la grâce et l'équilibre parfait du corps, de l'âme et de l'esprit. L'homme qui garde son calme intérieur et se préserve des orages de l'existence - pas une feuille ne frémit sur l'arbre, pas une ride sur la surface chatoyante de l'étang - a, dans l'esprit du sage illettré, l'attitude idéale pour diriger sa vie...
Si vous demandez: «Quels sont les fruits du silence?», il répondra: «Ce sont la maîtrise de soi, l'authentique courage ou l'endurance, la patience, la dignité et le respect. Le silence est la pierre angulaire du caractère».

OHIYESA
(Dr CHARLES EASTMAN),
SIOUX SANTEE

Quittez la maison quand il fait beau :

Dansez dans le pré

Ou asseyez-vous au bord du ruisseau

Et soyez simplement vous.

Le courant rassemblera vos soucis

Et les emportera jusqu'à la mer.

J. DONALD WALTERS

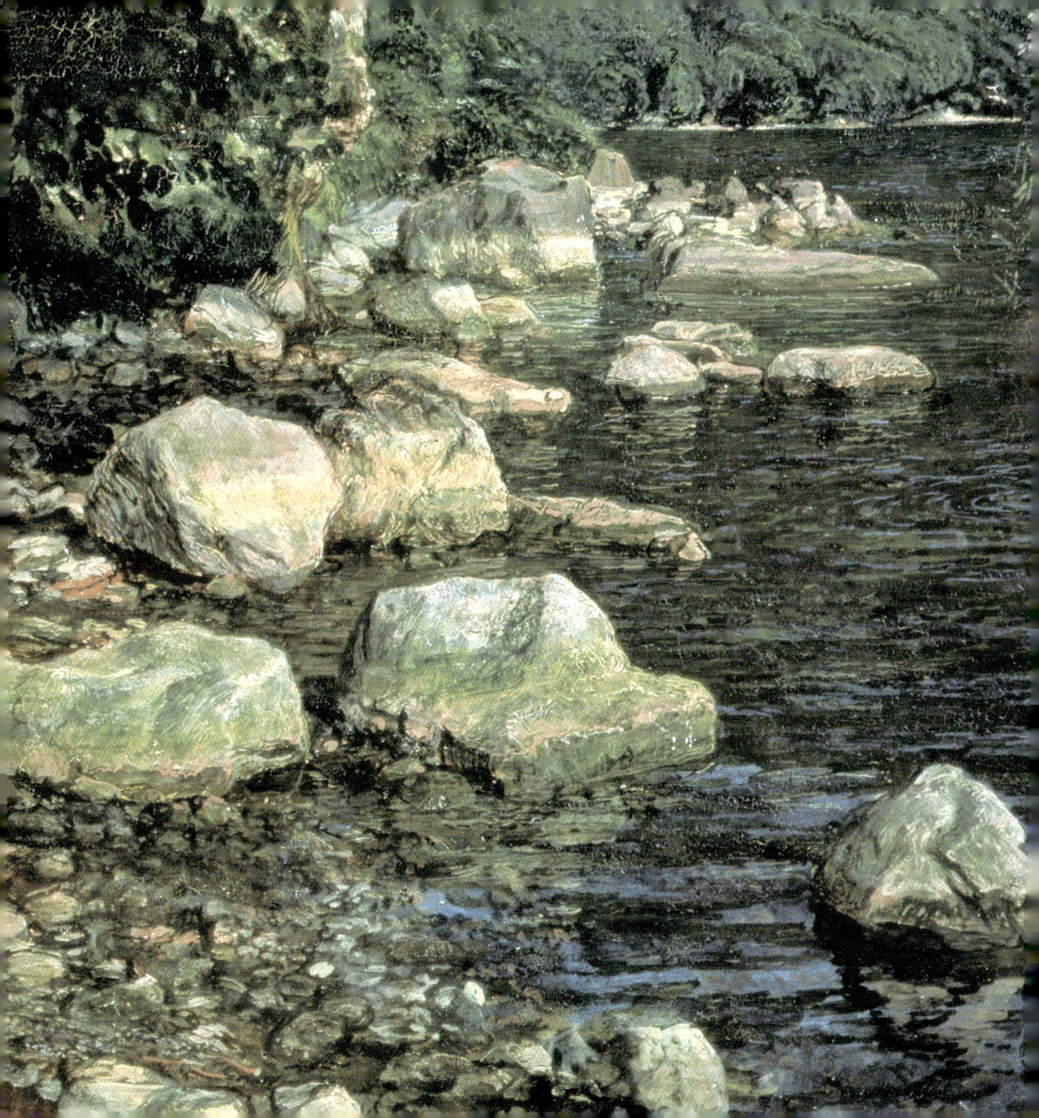

Rien ne contentera ceux qui

*Un sac de pommes, un pot de confiture faite maison,
un mot gribouillé, une branche de fleurs sauvages,
une pierre colorée, une boîte de semis,
une bouteille de parfum vide pour les enfants...
Qui a besoin de diamants et de bouquets livrés.*

ODILE DORMEUIL

Plus fait douceur que violence.

LA FONTAINE, (1621 - 1695)

ne se contentent pas de peu.

PROVERBE GREC

Que ta vision soit à chaque

instant nouvelle.

ANDRÉ GIDE, (1869 - 1951)

Le
soleil
du matin,
la terre
toute
de
douceur
et
l'immense
silence.

T. C. McLUHAN

*Lorsque je suis seule
je vois vraiment les fleurs
j'y prête attention.
Je sens
leur présence*

MAY SARTON, (1912 - 1995)

Je débute chaque journée de la même manière. Cela ne correspond pas à une routine bien rôdée mais à quelque chose d'essentiel dans ma vie quotidienne. Je m'installe au piano et je joue deux préludes et fugues de Bach. Je n'imagine pas faire autrement. C'est une sorte de bénédiction sur la maison. Mais ce n'est pas à mes yeux l'unique signification. Il s'agit de redécouvrir le monde dont je me réjouis de faire partie. Cela me fait prendre conscience du prodige de la vie et du sentiment merveilleux d'être un être humain.

PABLO CASALS, (1876 - 1973)

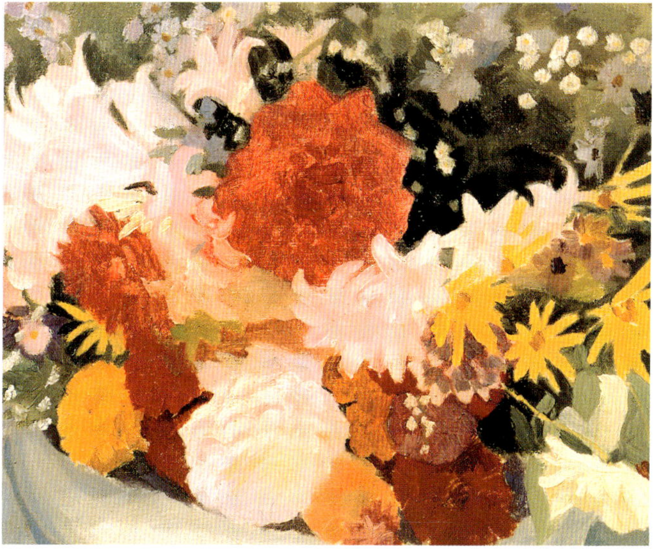

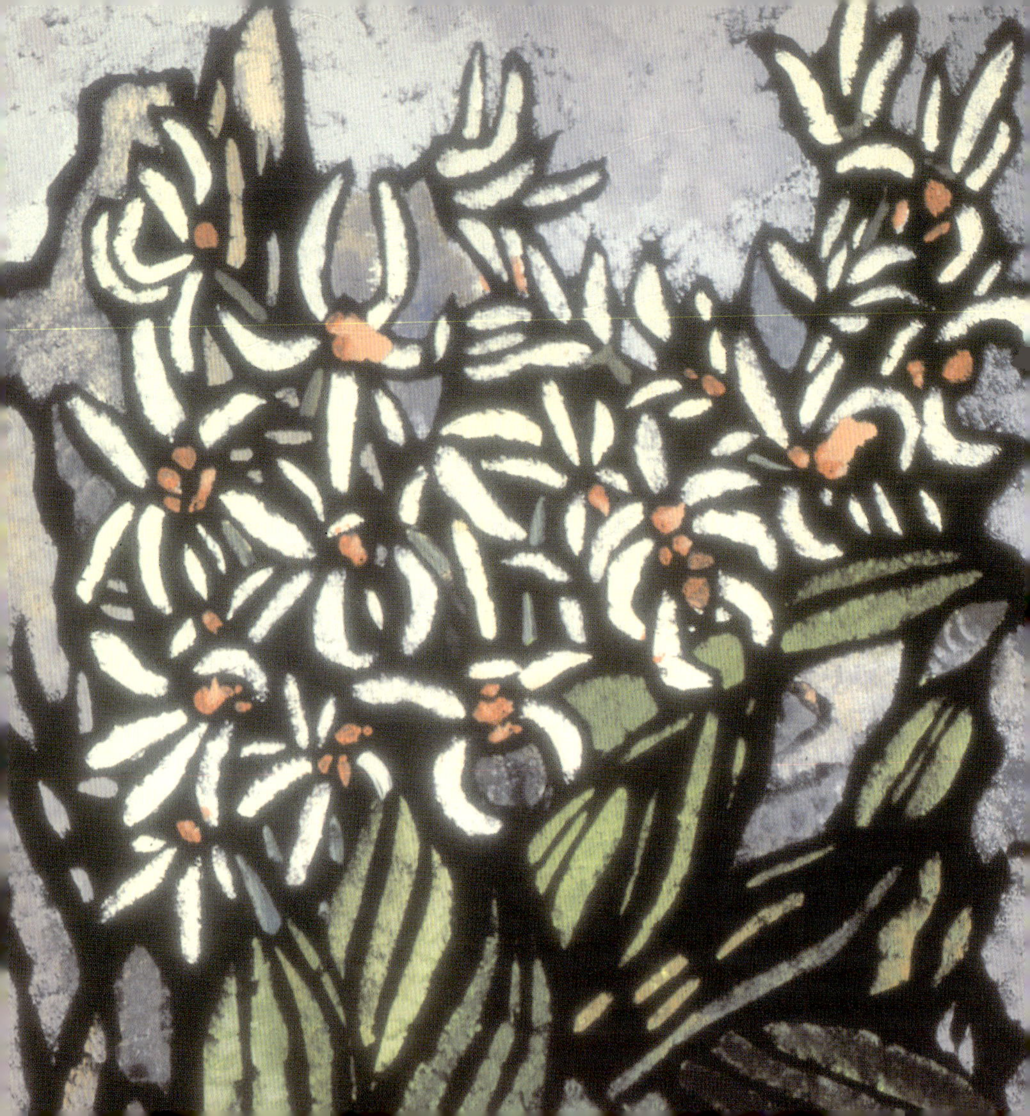

On ne reçoit pas la sagesse,
il faut la découvrir
soi-même,
après un trajet que
personne ne peut faire
pour nous.

MARCEL PROUST, (1871 - 1922)

Le miracle n'est pas de voler dans les airs, ou de marcher sur l'eau, mais de marcher sur la terre.

PROVERBE CHINOIS

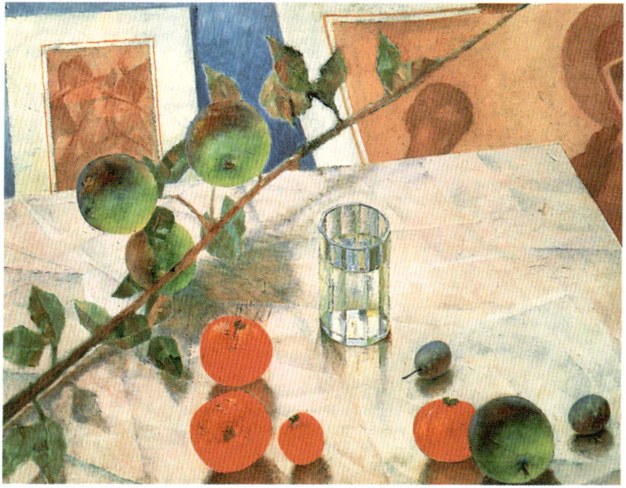

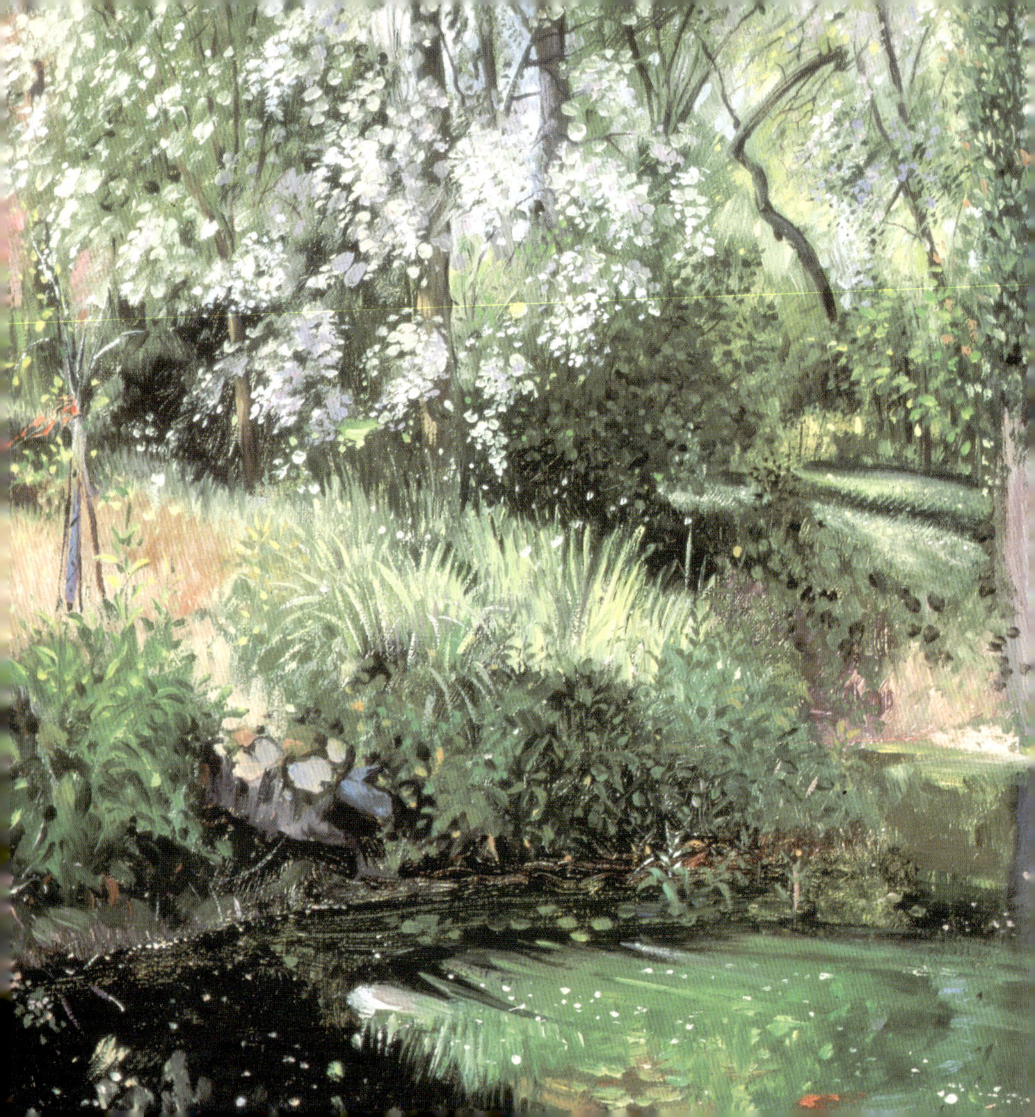

*Cela fait du bien de se retrouver seul

dans un jardin, à l'aube ou le soir et de laisser

toutes sortes de présences discrètes graviter

autour de soi et nous entraîner dans

une rêverie loin de toute forme de pensée.*

JAMES DOUGLAS

... une rêverie loin de toute forme de pensée

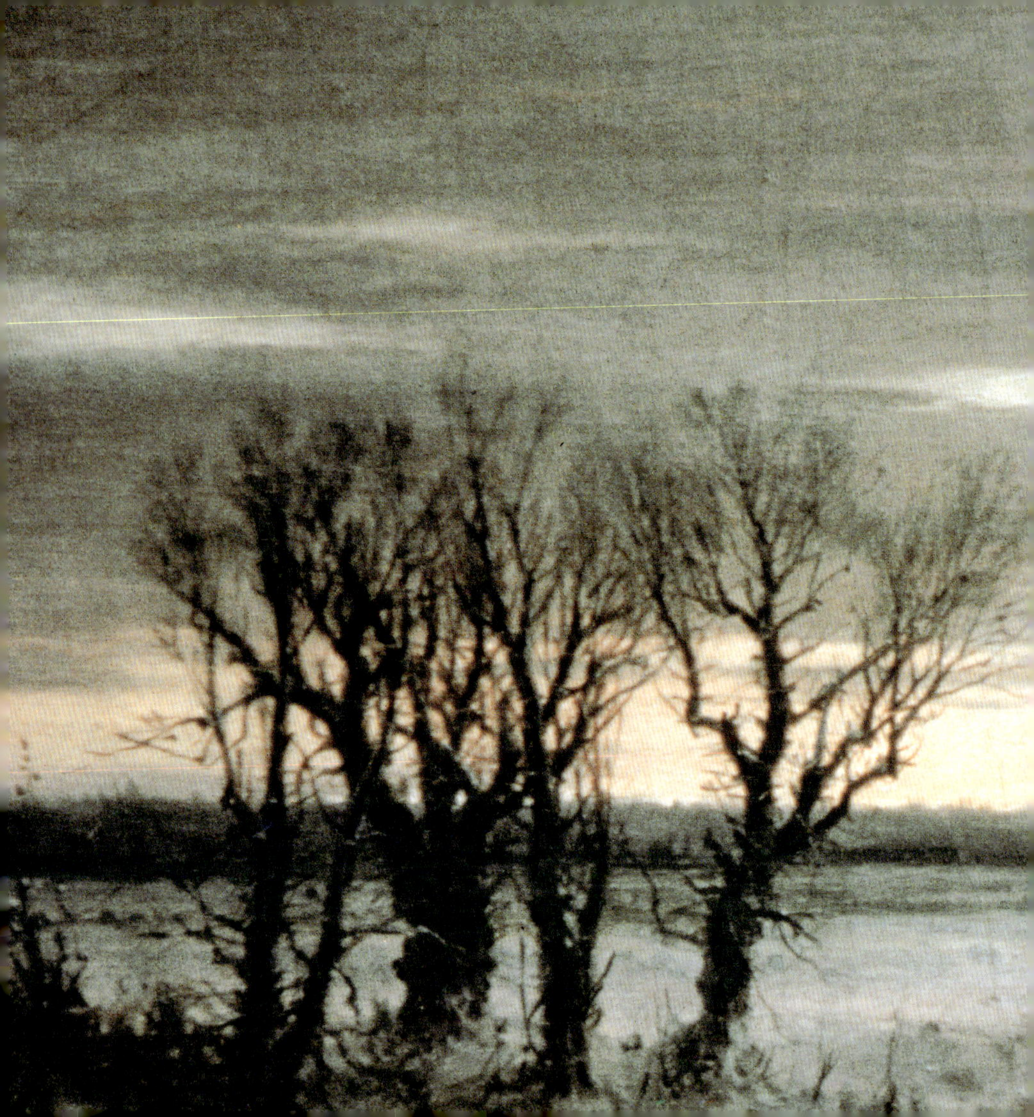

... CEUX QUI CONNAISSENT

LA VALEUR

ET LE GOÛT EXQUIS

DE LA LIBERTÉ SOLITAIRE,

(CAR ON N'EST LIBRE

QUE QUAND ON EST SEUL)...

ISABELLE EBERHARDT, (1877 - 1904)

Quelle agréable surprise
de découvrir combien on est entouré
quand on est seul.

ELLEN BURSTYN

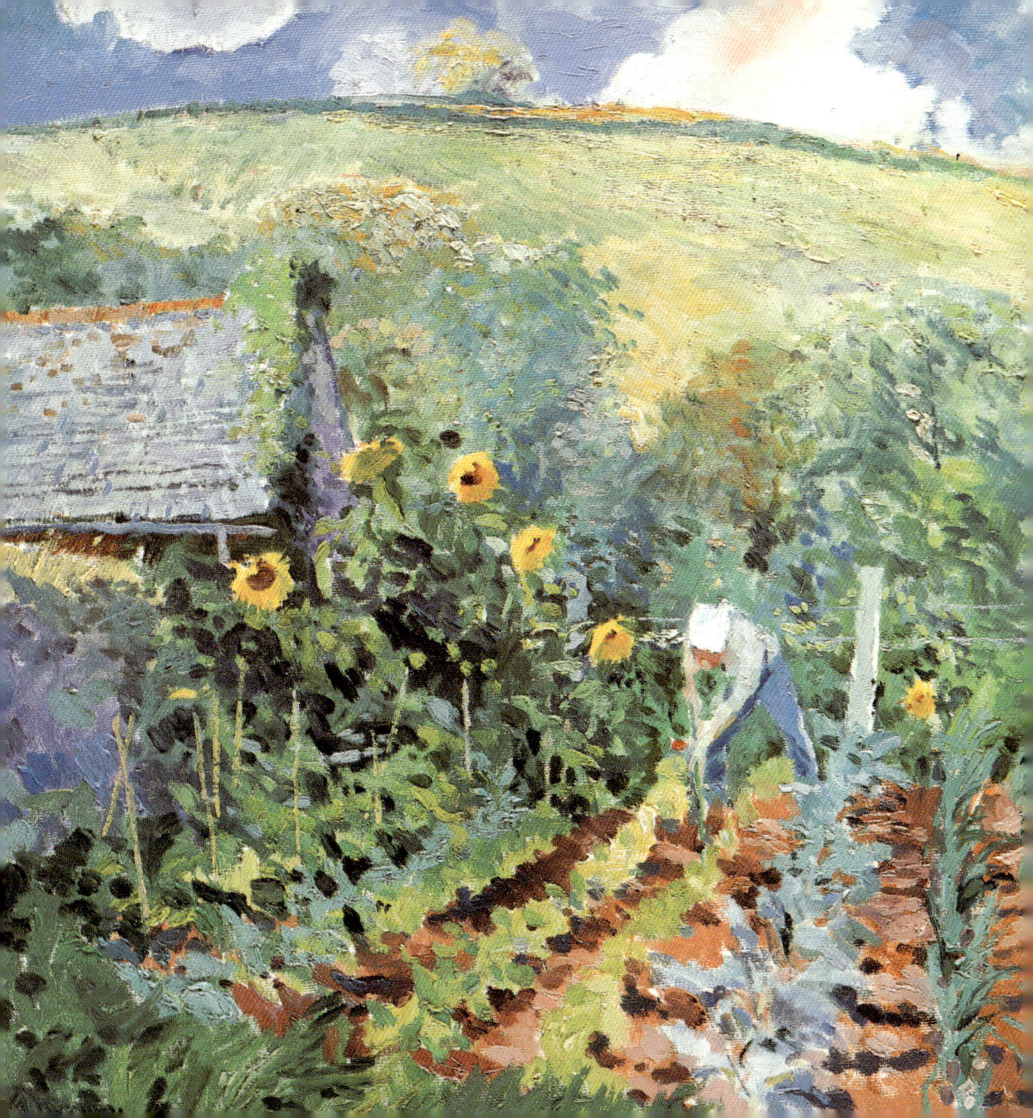

la sagesse

LA SAGESSE est resplendissante, elle est inaltérable. Elle se laisse aisément contempler par ceux qui l'aiment, elle se laisse trouver par ceux qui la cherchent. Elle devance leurs désirs, en se montrant à eux la première. Celui qui la cherche dès l'aurore ne se fatiguera pas: il la trouvera assise à sa porte. Ne plus penser qu'à elle prouve un parfait jugement, et celui qui veille en son honneur sera bientôt délivré du souci. Elle va et vient pour rechercher ceux qui sont dignes d'elle; au détour des sentiers, elle leur apparaît avec un visage souriant; chaque fois qu'ils pensent à elle, elle vient à leur rencontre.

LIVRE DE LA SAGESSE, VI, 12 - 16

resplendissante

Rien ici-bas n'est plus doux
ou plus fragile que l'eau.
Pourtant il n'est rien qui vienne mieux à bout
de ce qui est dur et solide.
Que le faible triomphe du fort,
que le méchant laisse place au gentil.
Tout le monde sait cela,
mais personne n'agit en conséquence.

LAO - TZU, (6ème siècle av. J.-C.)

CELUI QUI SOURIT PLUS QU'IL N'ENRAGE EST TOUJOURS LE PLUS FORT.

SAGESSE JAPONAISE

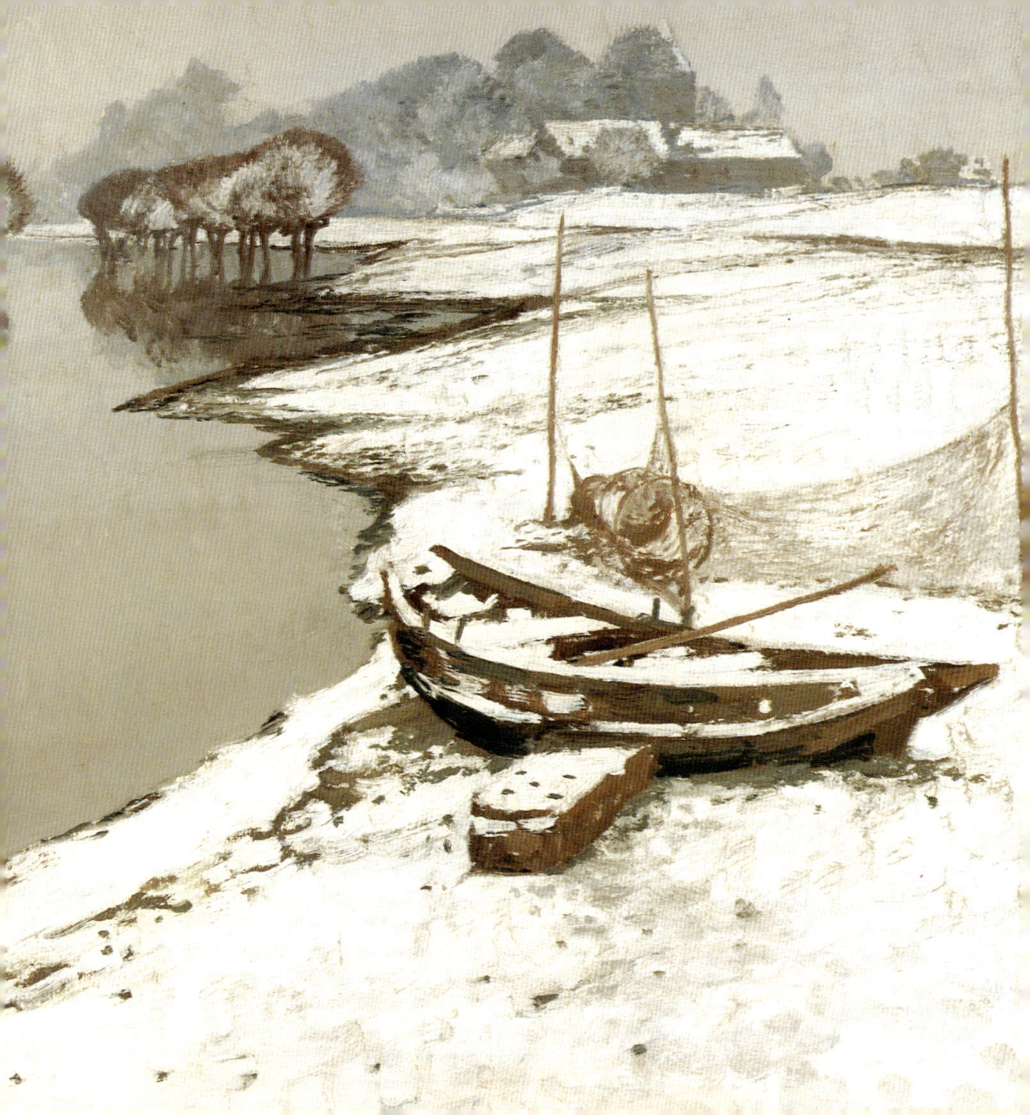

La beauté élève.
Elle libère des préoccupations et
introduit l'admiration au cœur
de la vie... Parce que je suis
conduit vers
une source de silence intérieur et
de fécondité où je renais au visible
comme à l'invisible.
Quelle aventure, de saisir les reflets
de la beauté intérieure du monde.

LÉONARD APPEL

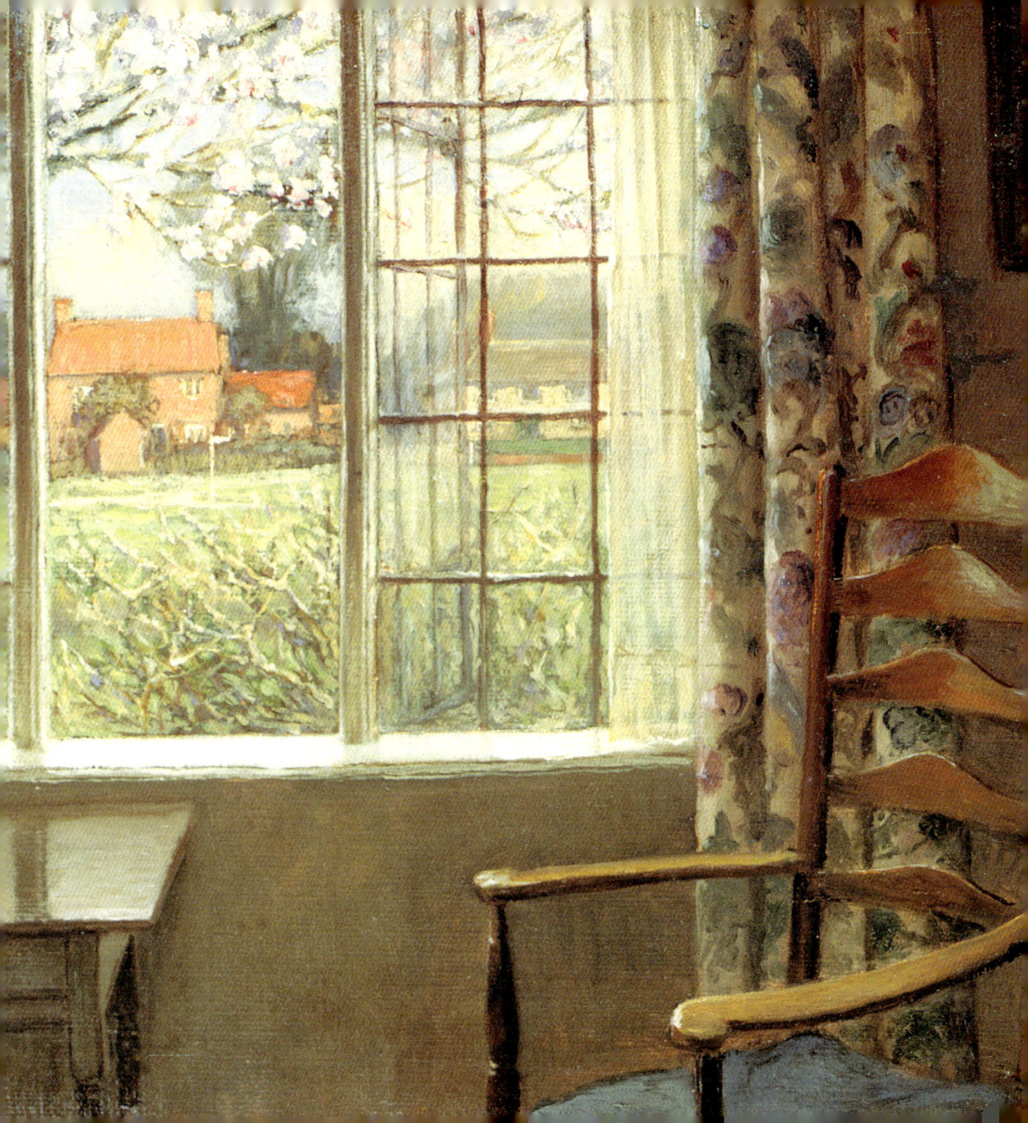

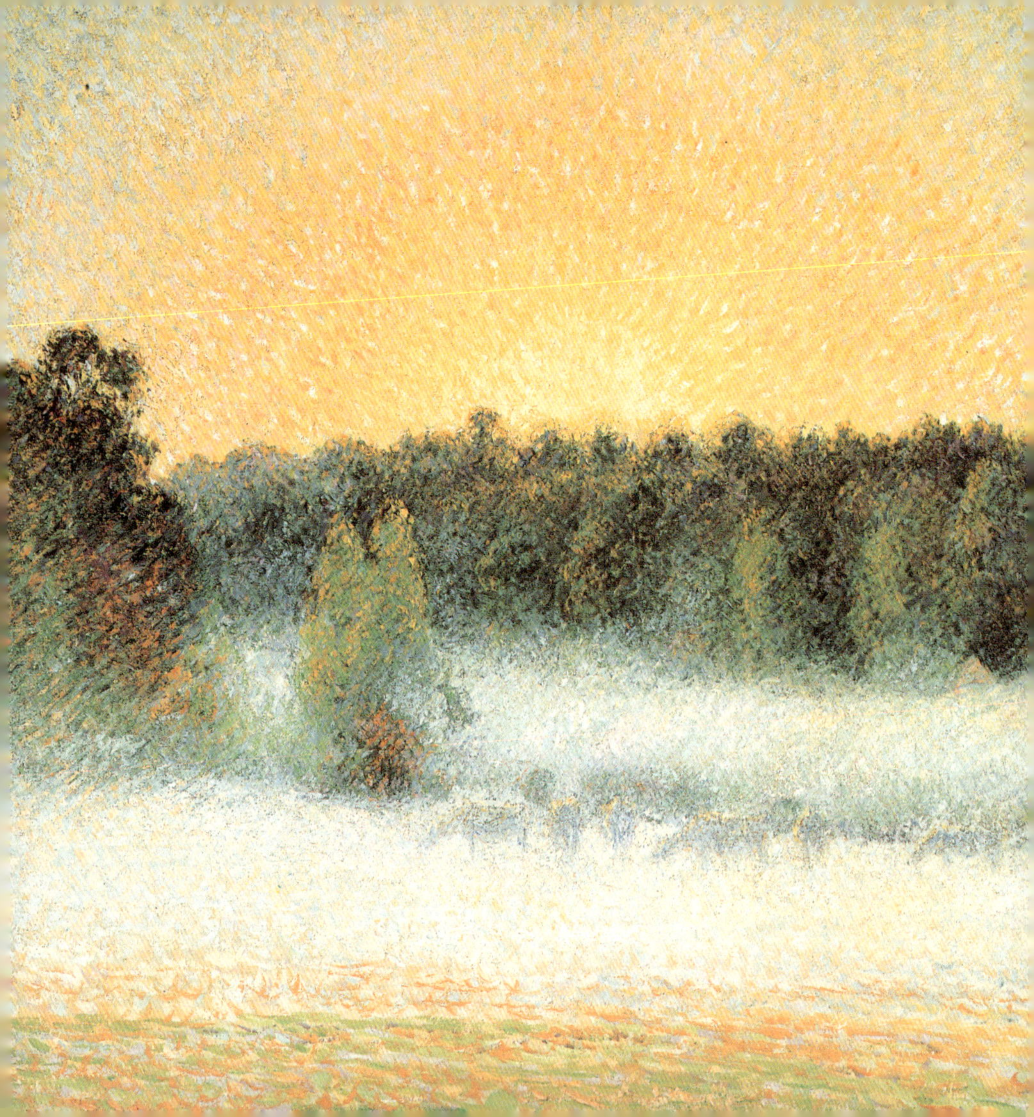

BIEN UTILISER SA VIE
CE N'EST PAS SE LIMITER
À DES ACTES,
BIEN UTILISER SA VIE
C'EST FAIRE LES CHOSES
EN RESTANT SOI.

LAO - TZU, (6ème siècle av. J.-C.)

Nos expériences les plus intenses sont nos moments les plus sereins.

NIETZSCHE, (1844 - 1900)

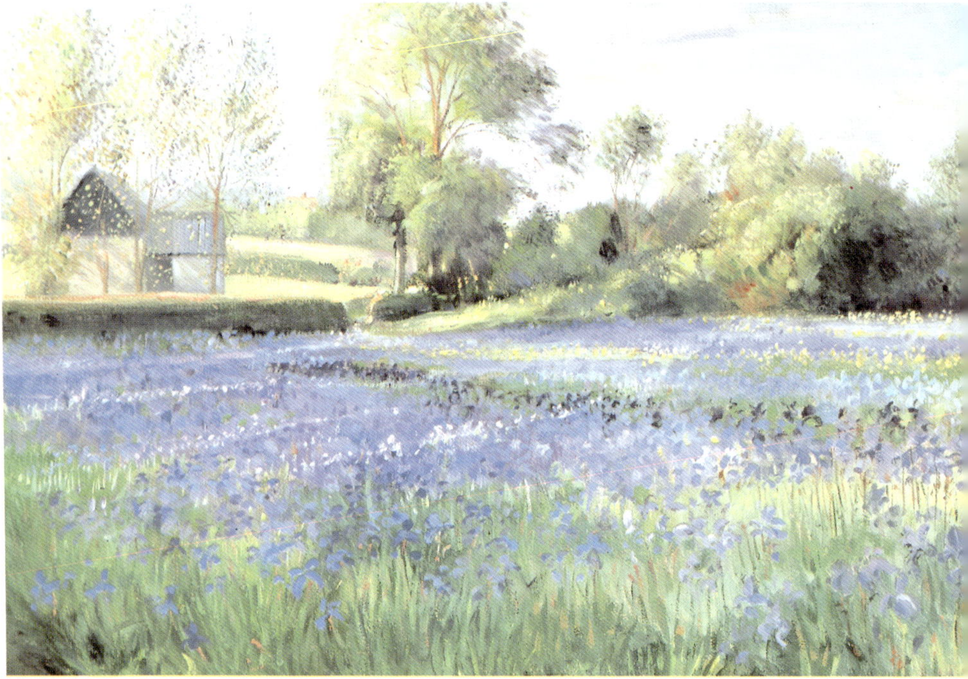

*Dépouillons-nous donc
des œuvres des ténèbres et revêtons
les armes de lumière.*

St PAUL DE TARSE

Cherchez quelque chose de beau
et vous le trouverez,
Ce n'est pas loin,
Et ne le sera jamais.

SARA TEASDALE

*La nature peint à notre place,
jour après jour,
des tableaux d'une infinie beauté,
pour peu que nos yeux
les voient...*

JOHN RUSKIN, (1819 - 1900)

ARRANGER

UN VASE DE FLEURS

LE MATIN,

PEUT PROCURER UN SENTIMENT

DE QUIÉTUDE

DANS UNE JOURNÉE BIEN REMPLIE.

C'EST COMME ÉCRIRE UN POÈME

OU DIRE UNE PRIÈRE.

ANNE MORROW LINDBERGH

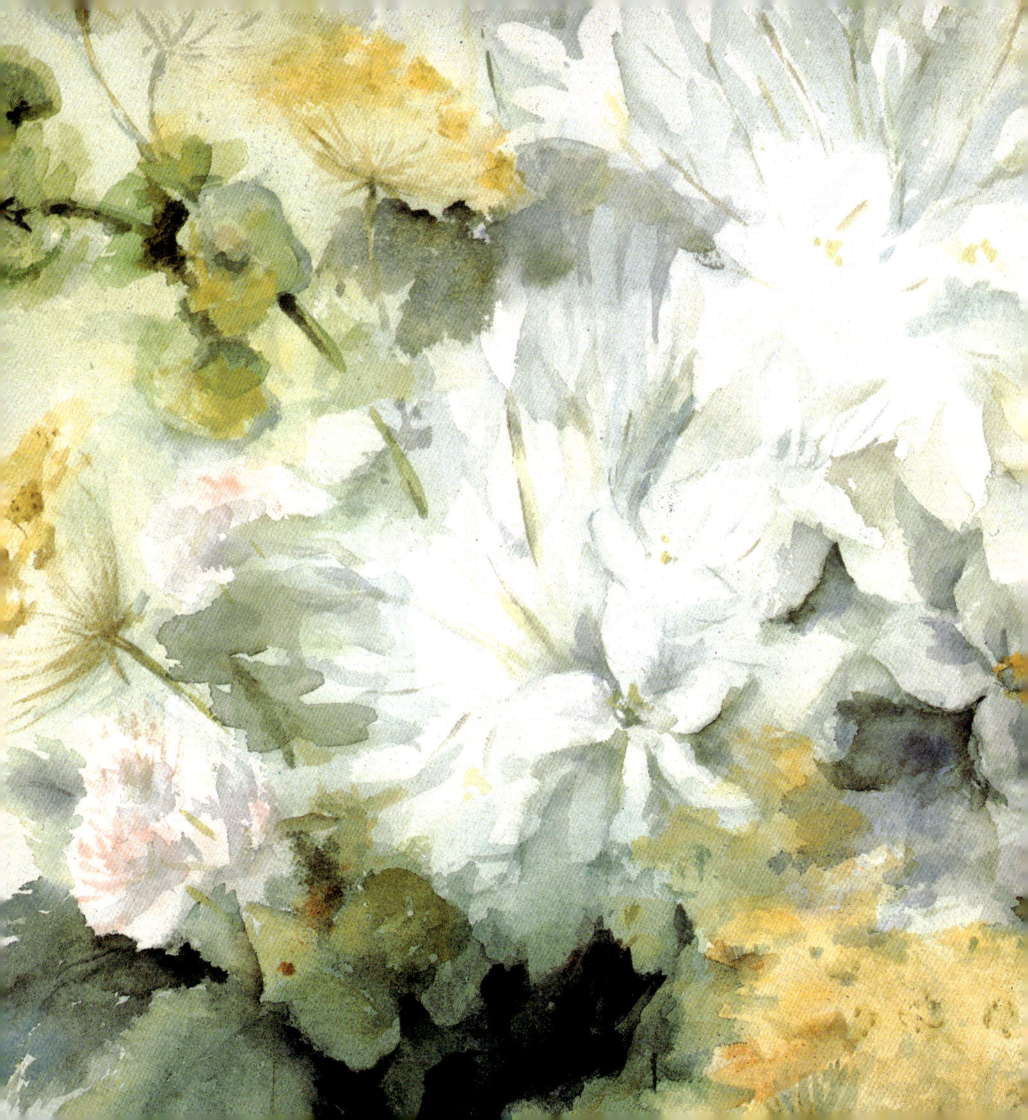

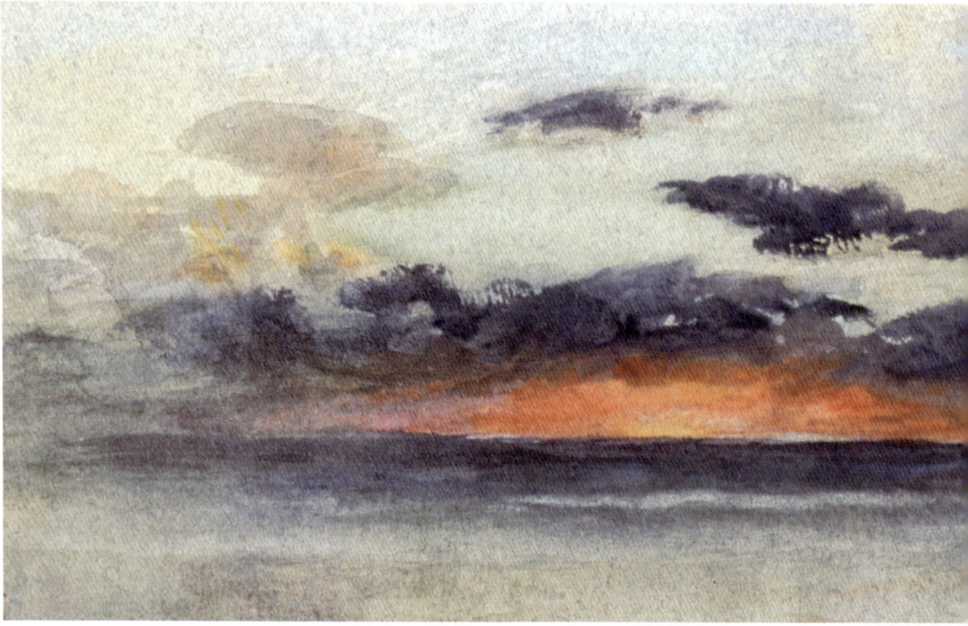

Éloignons-nous du vacarme.

Retrouvons les paisibles prairies,

au dessus desquelles l'immensité du ciel

s'étire, et où, entre nous et les étoiles,

se trouve le silence;

et là, dans la quiétude,

écoutons la voix intérieure

qui s'adresse à nous.

JEROME K. JEROME, (1859 - 1927)

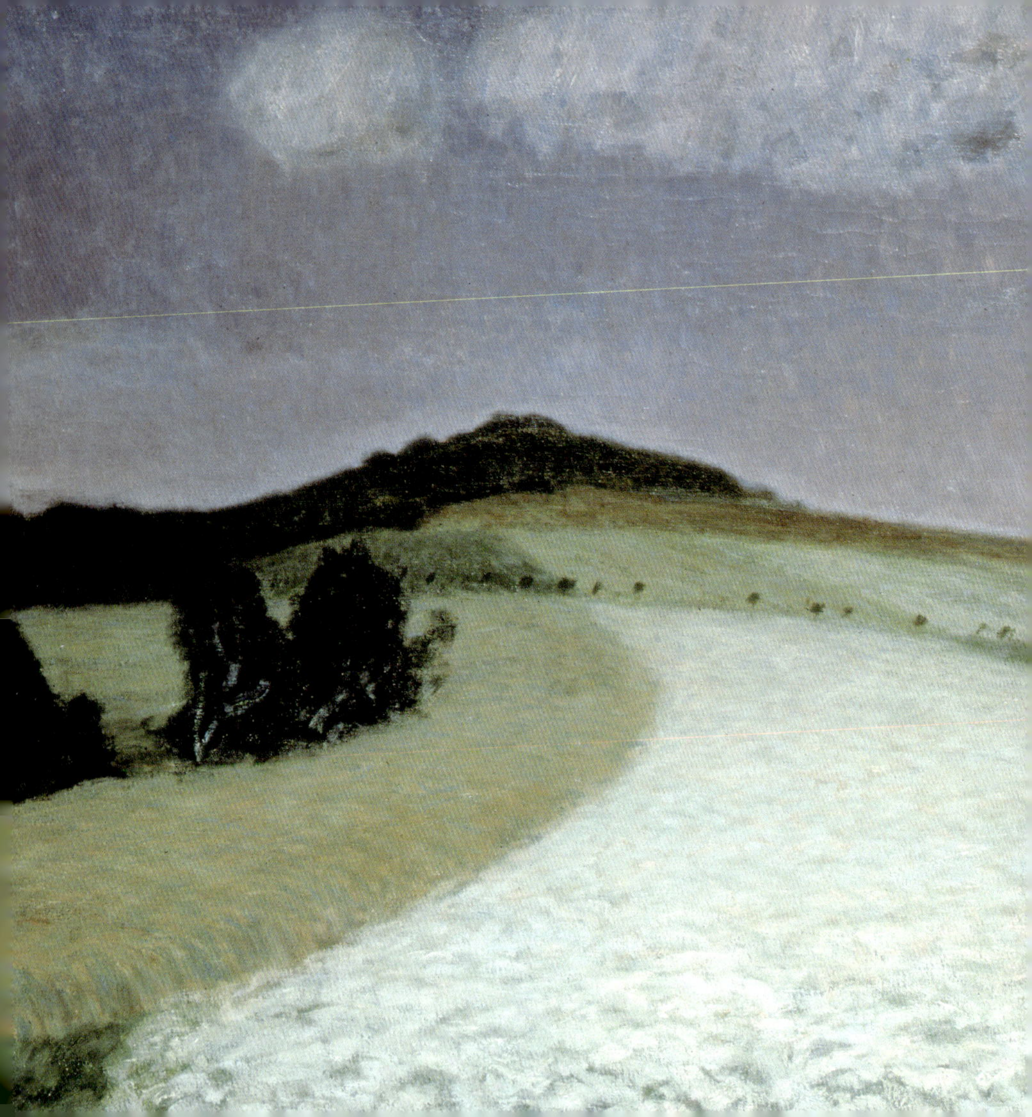

Notre langue a judicieusement
cerné les deux aspects de la
solitude. Elle a créé
le mot «esseulé» pour exprimer
la douleur qu'elle génère.
Et elle a créé le mot «solitaire»
pour en faire l'éloge.

PAUL TILLICH, (1886 - 1965)

Si seulement

je pouvais grandir :

plus fort,

plus candide,

plus serein,

plus enthousiaste.

DAG HAMMARSKJÖLD
(1905 - 1961)

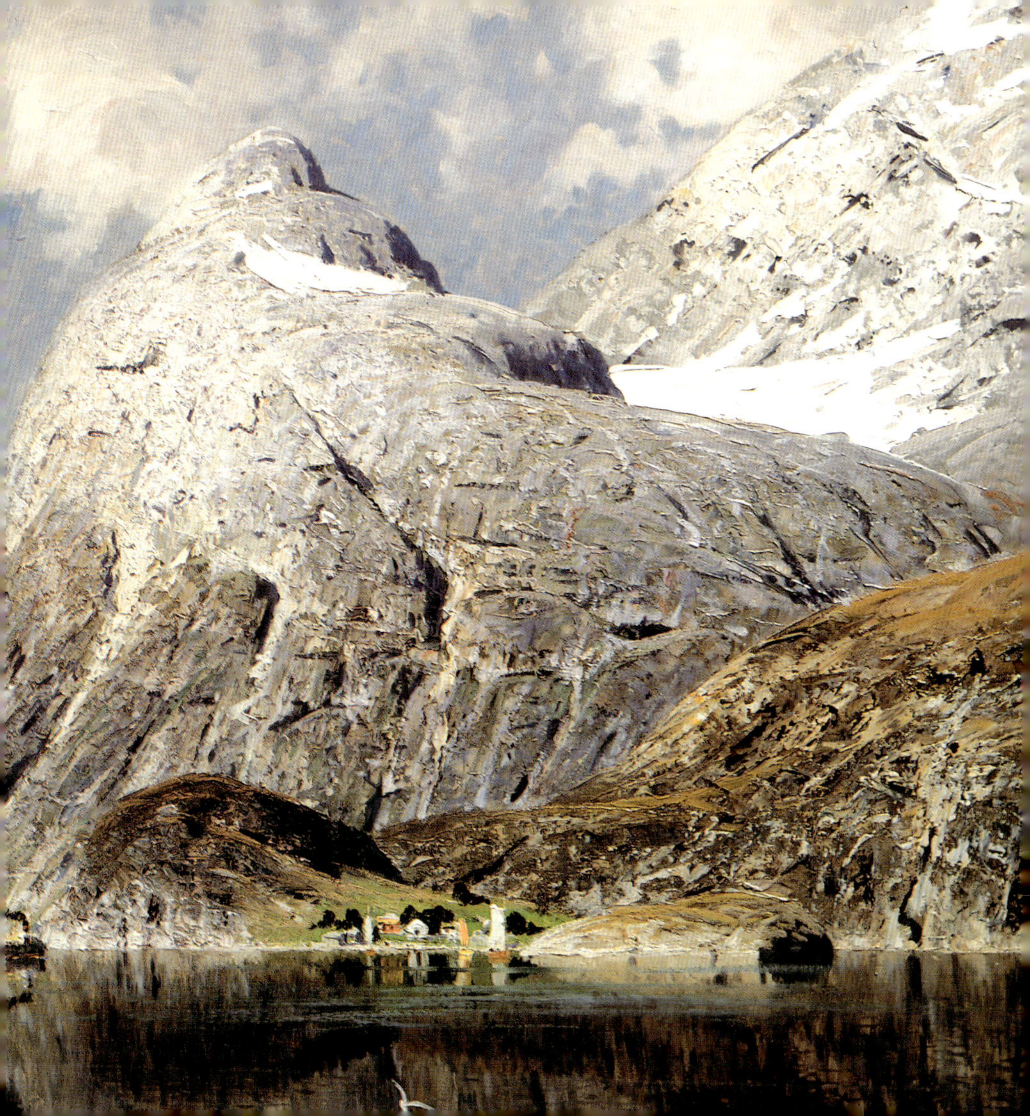

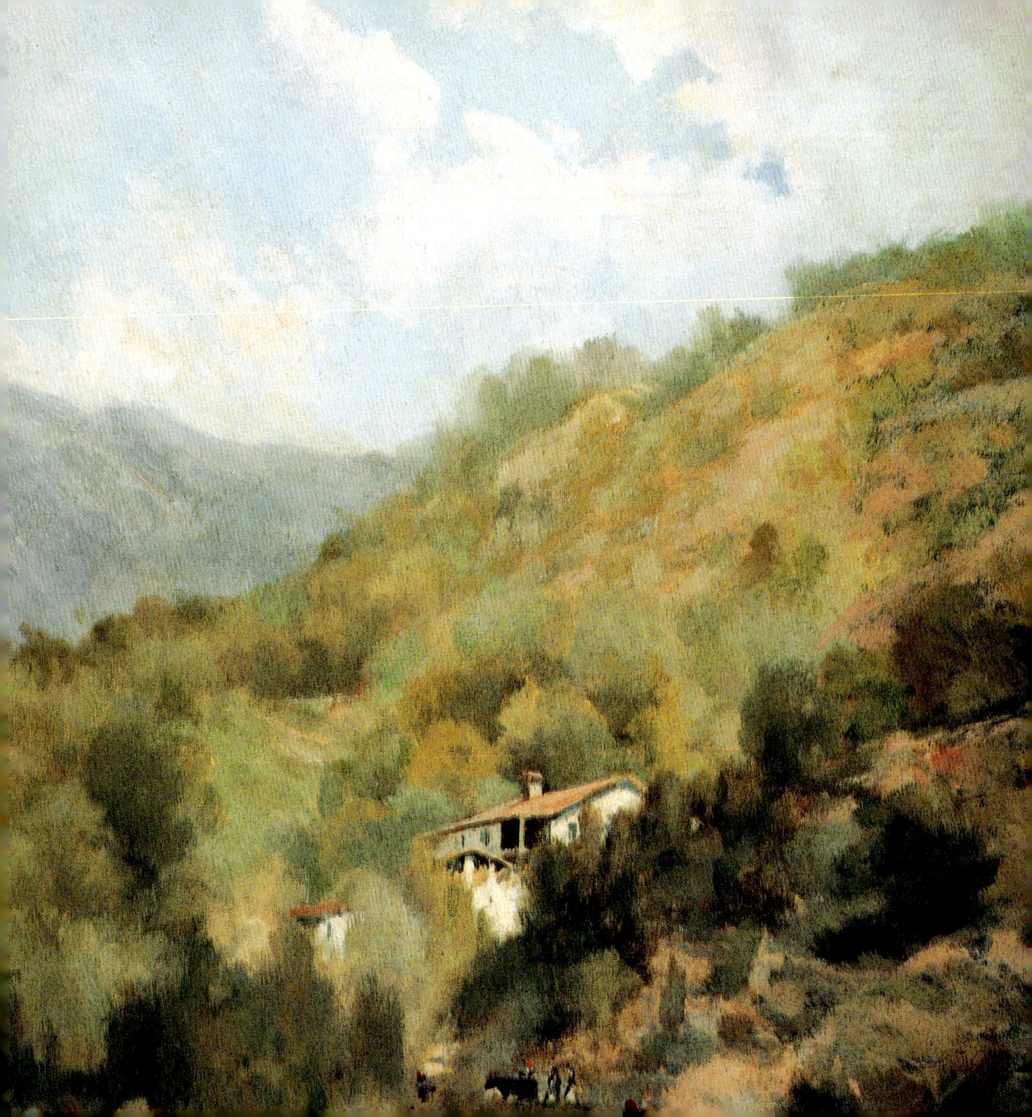

*Devons-nous fournir un effort particulier pour apprécier
la beauté du ciel bleu ? Est-il nécessaire de nous entraîner pour
en éprouver du plaisir ? Non, nous l'apprécions c'est tout.
Chaque seconde, chaque minute de nos vies peut ressembler à cela.
Où que nous soyons, quel que soit le moment, nous pouvons apprécier
le soleil, nos présences respectives et même la sensation de respirer.
Nous n'avons pas besoin d'aller en Chine pour avoir du ciel bleu.
Nous n'avons pas à nous propulser dans le futur pour profiter
de notre respiration.
Nous sommes en contact avec ces choses, en ce moment même.*

THICH NHAT HANH

Ne laissons pas des bagatelles perturber notre sérénité...
La vie est trop précieuse pour être sacrifiée au profit du superflu,
de l'éphémère... Ignorons ce qui est sans importance.

GRENVILLE KLEISER, (1868 - 1953)

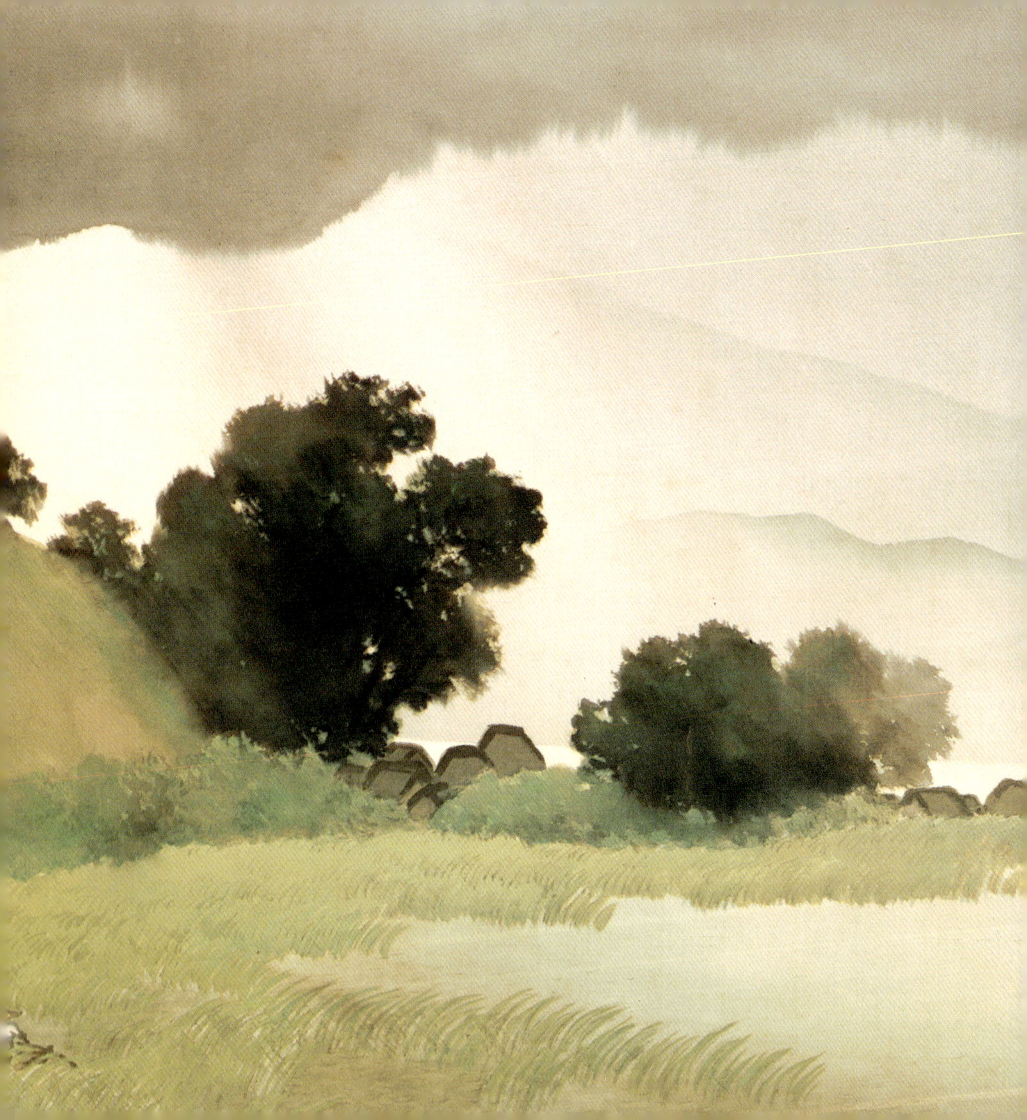

*Il n'y a pas d'endroit paisible
dans les villes de l'homme blanc,
pas d'endroit
où entendre les feuilles du printemps
ou le bruissement des ailes d'insectes...
Les Indiens aiment le bruit léger du vent
s'élançant à la surface de la mare,
l'odeur de ce vent lavé par la pluie de midi
ou embaumé par les pignons de pins.*

CHEF SEATTLE, (1786 - 1866)

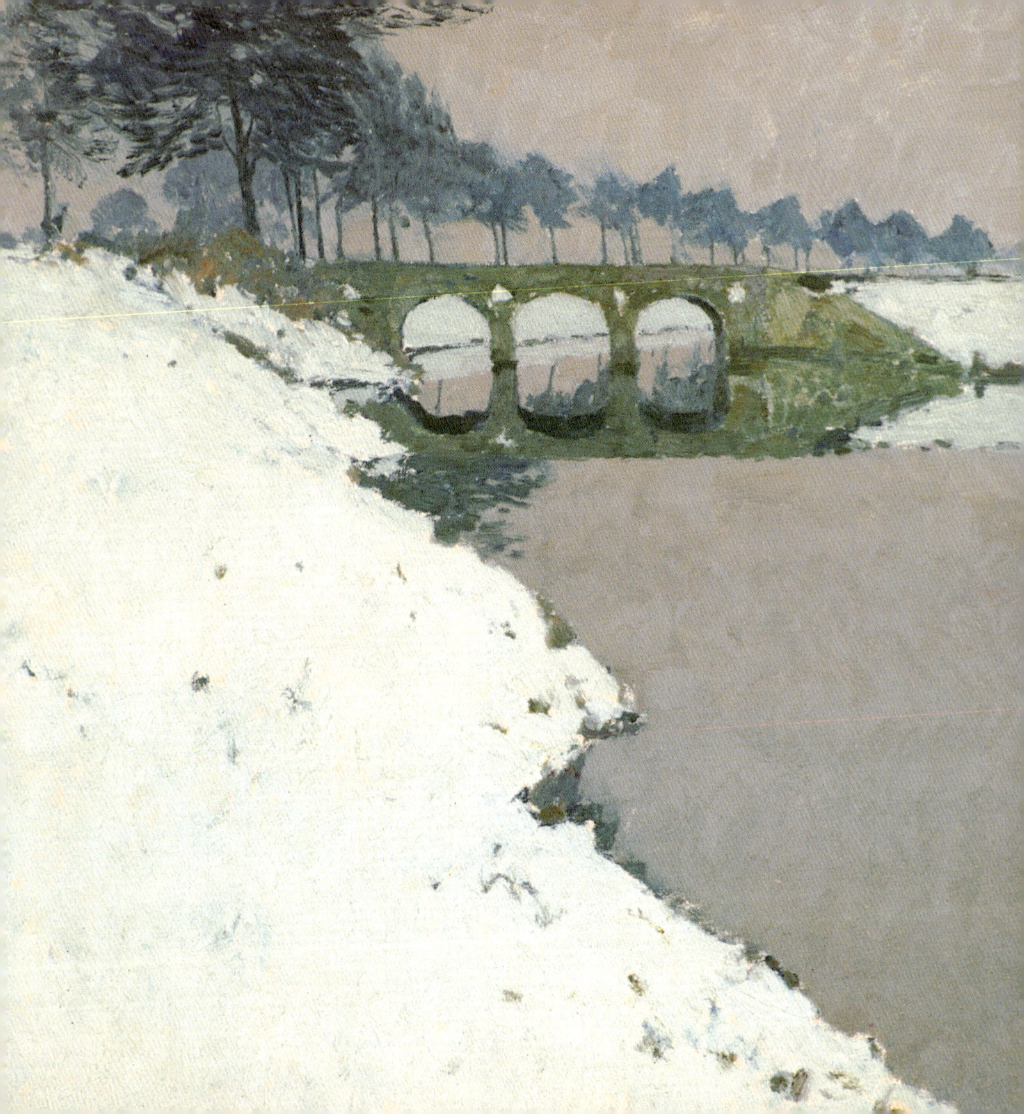

Écoutez, dans un profond silence.
Soyez très calme et ouvrez votre esprit...
Sombrez profondément dans la paix
qui vous attend au-delà de toute pensée
désespérée et délirante,
loin des bruits de ce monde fou.

DANS « LA COUR DES MIRACLES »

silence

NE RIEN FAIRE
LORSQUE JE N'AI RIEN À FAIRE.
ACCÉDER À LA SÉRÉNITÉ SUPRÊME
COMME LE SOIR INONDE LE RIVAGE
QUAND L'EAU EST CALME.

RABINDRANATH TAGORE, (1861 - 1941)

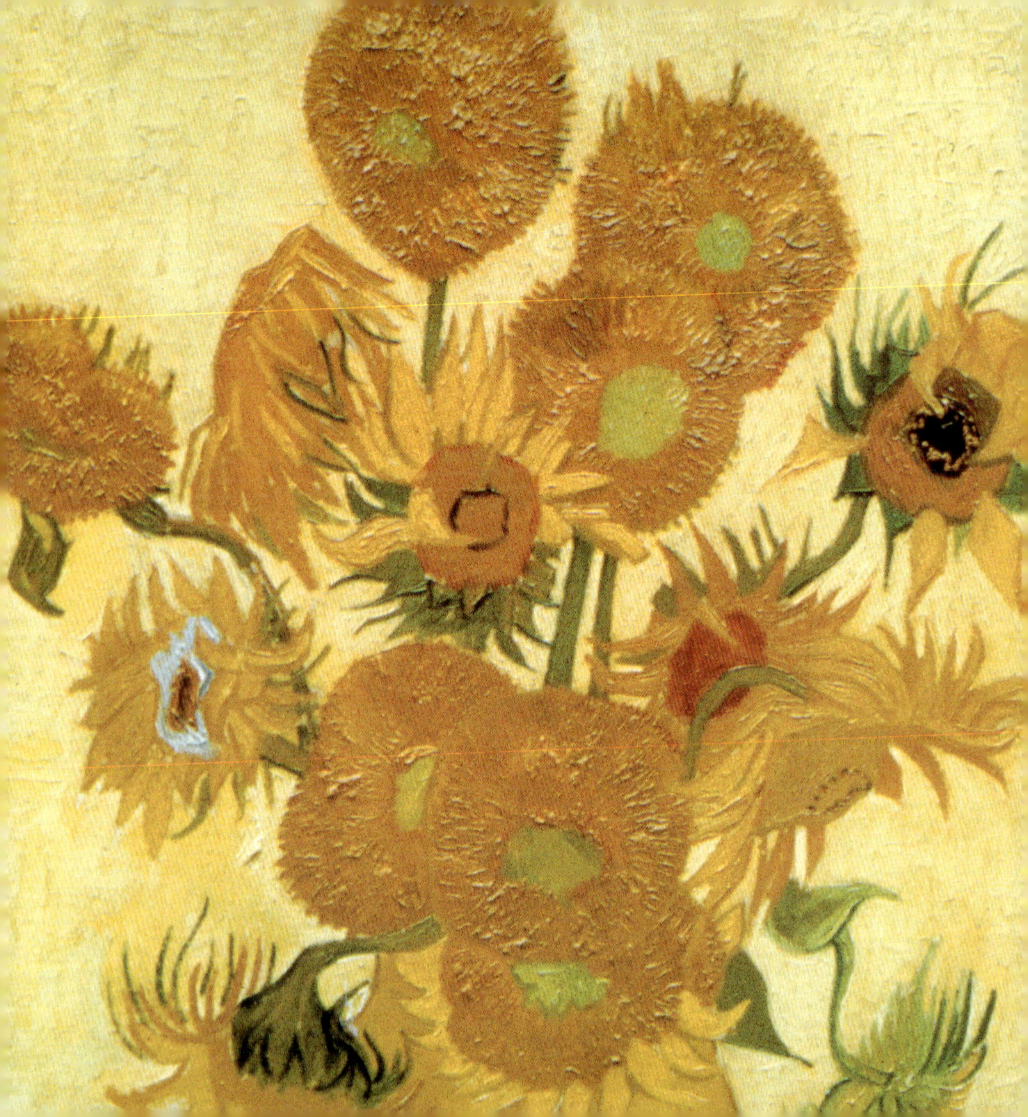

Vivre sans certaines choses que nous voulons est une condition indispensable du bonheur.

BERTRAND RUSSELL
(1872 - 1970)

*Celui qui se montre fort et calme
est toujours aimé et respecté.
Il est comme l'arbre qui fournit de l'ombrage
sur une terre aride, comme
le rocher qui sert de refuge sous l'orage.*

JAMES ALLEN, (1864 - 1912)

DE LA SÉRÉNITÉ ÉMANE LA DOUCEUR, LA FORCE ÉTERNELLE.

ANNELOU DUPUIS

*Face à un esprit paisible,
le monde entier abdique.*

CHUANG TZU, (369 - 286 av. J.-C.)

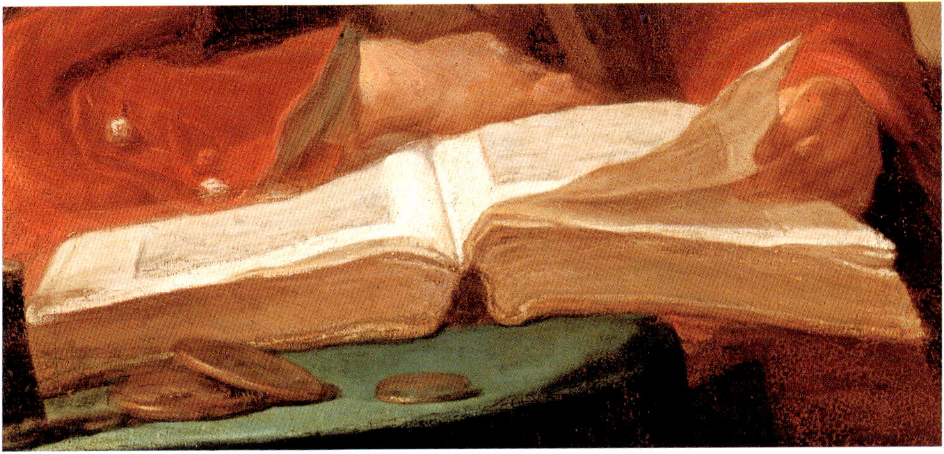

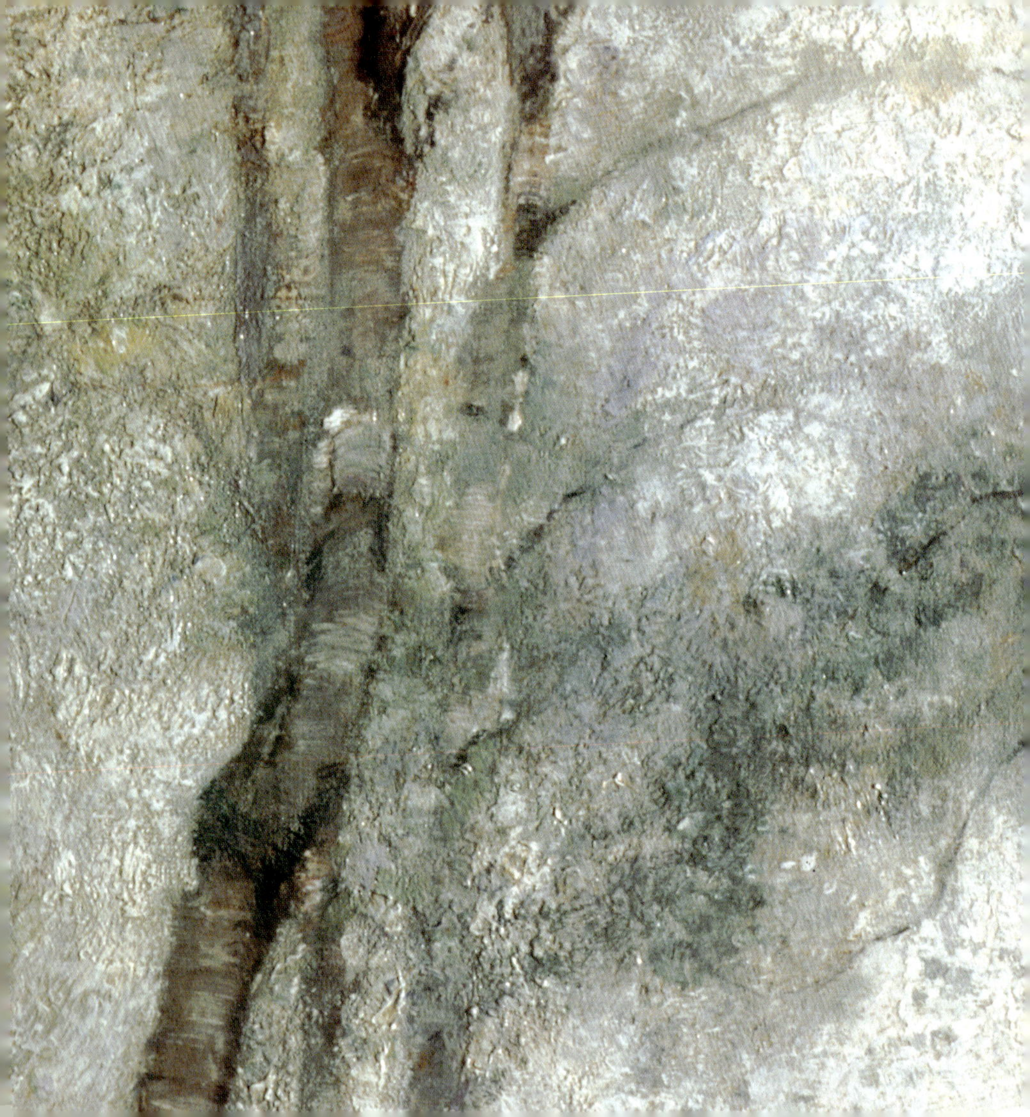

Mieux qu'une centaine
de mots inutiles
vaut un seul mot qui procure
la paix.

LE DHAMMAPADA

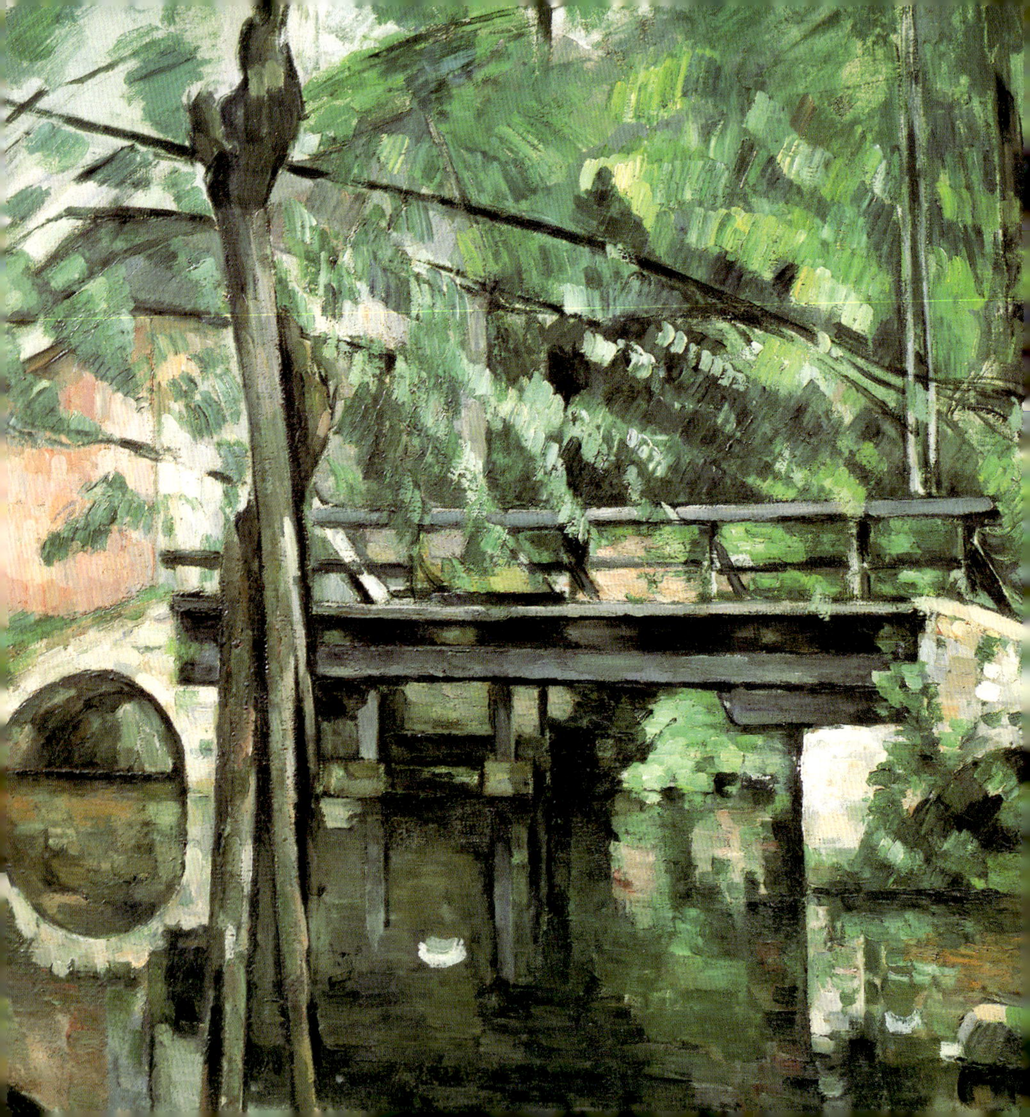

Par dessus les cimes des montagnes

est la paix.

Au sommet des arbres

Vous ne percevez

Guère le moindre souffle.

Les petits oiseaux de la forêt sont

Silencieux.

Alors attendez; bientôt

Vous aussi, vous connaîtrez la paix.

JOHANN WOLFGANG VON GOETHE, (1749 - 1832)

*Ma plus grande richesse reste la profonde quiétude
dans laquelle je lutte, progresse
et obtiens tout ce que le monde ne peut me prendre
par le feu ou l'épée.*

JOHANN WOLFGANG VON GOETHE,
(1749 - 1832)

LE PAUVRE
RÊVE DE RICHESSES
ET LE RICHE DE PARADIS,
MAIS LE SAGE
N'ASPIRE QU'À UN ÉTAT
DE BÉATITUDE.

SWAMI RAMA, (1873 - 1906)

*Un esprit serein est plus riche qu'une tête couronnée...
Pareille satisfaction, pareils esprits, pareil repos, pareille félicité
sont le lot de mendiants, pas souvent de princes.*

ROBERT GREENE, (1558 - 1592)

En fin de compte nous n'avons qu'un devoir moral:
celui de reconquérir de vastes étendues de paix en nous-mêmes,
de plus en plus de paix,
et de la faire rejaillir sur les autres.
Et plus la paix fera partie intégrante de nous,
plus elle aura droit de cité dans notre monde agité.

ETTY HILLESUM, (1914 - 1943)

LA SÉRÉNITÉ EST SI NOBLE ET SI ILLUSTRE QU'ELLE A LE CIEL POUR TERROIR.

FRANCISCO DE QUEVEDO, (1580 - 1645)

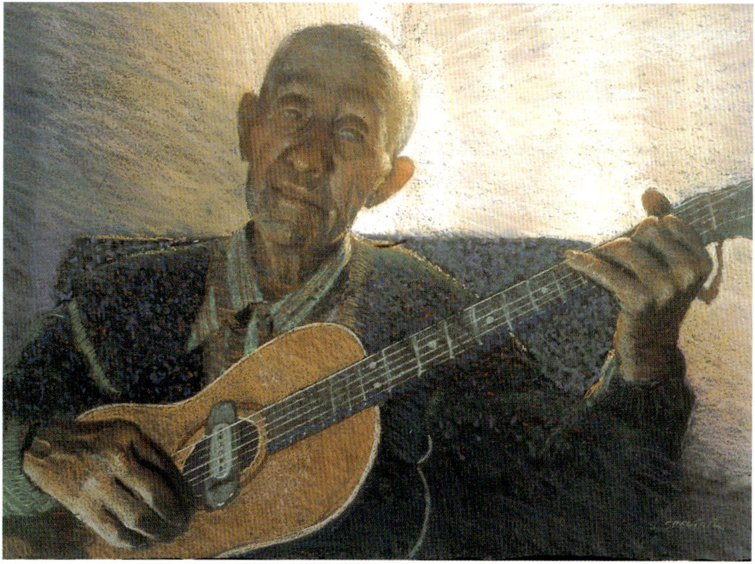

Des pays comme le nôtre sont peuplés de gens qui ont tout le confort matériel qu'ils désirent, et qui pourtant mènent des vies faites de désespérance silencieuse (et parfois tapageuse), ne comprenant rien excepté le fait qu'il y a un vide en eux et qu'en dépit d'une compensation par la nourriture ou l'alcool, les voitures ou la télévision, quel que soit la stabilité des enfants et des amis fidèles... cela fait mal!

BERNARD LEVIN

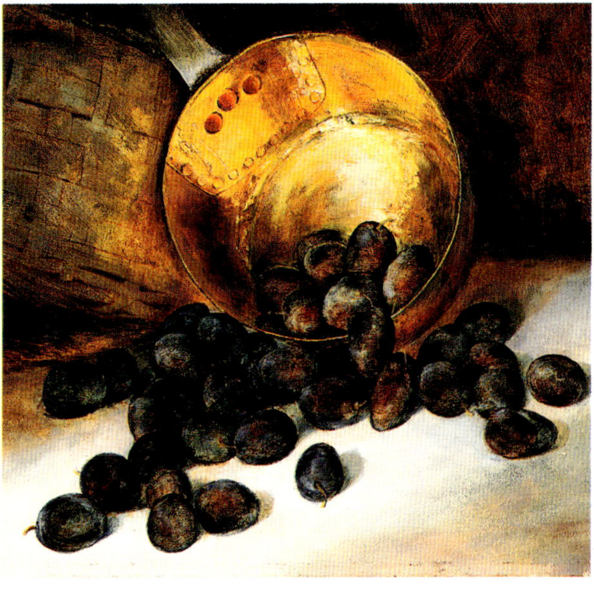

Faire l'impossible,

acquérir l'inaccessible,

savourer l'insipide,

considérer le petit comme important,

faire beaucoup de peu,

remplacer l'inimitié par la vertu;

prévoir la difficulté

quand c'est encore facile,

faire de grandes choses

pendant qu'elles sont encore petites.

LAO - TZU, (6ème siècle av. J.-C.)

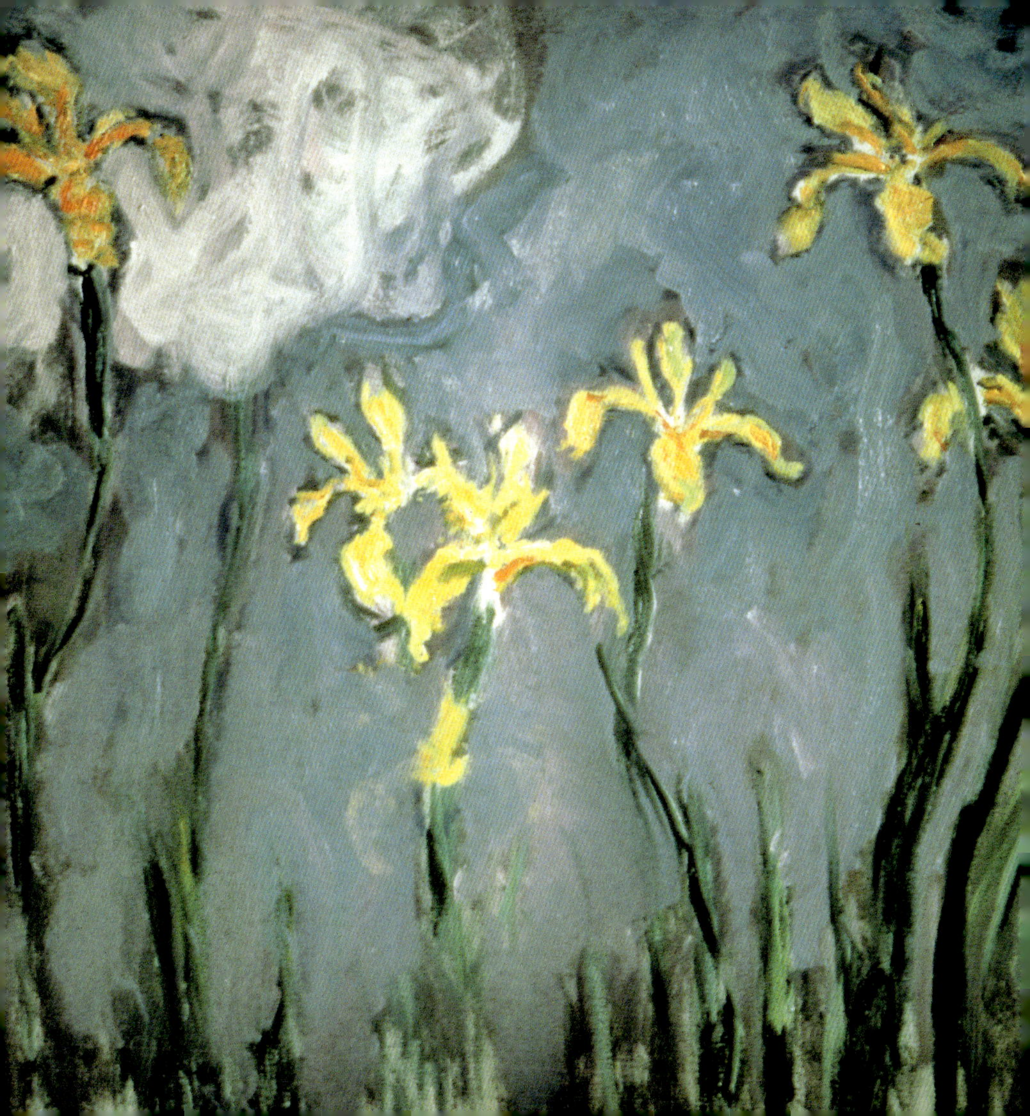

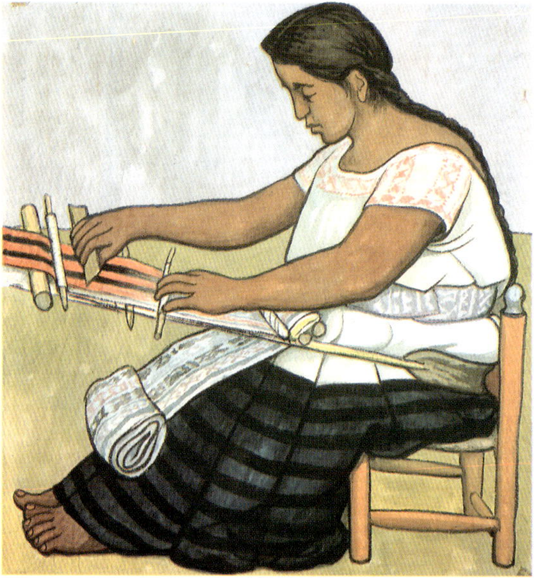

Nous sommes engagés

DANS UNE VIE

QUI DÉPASSE L'ENTENDEMENT

ET NOTRE PLUS GRANDE TÂCHE

RESTE NOTRE VIE QUOTIDIENNE.

JOHN CAGE, (1912 - 1992)
«Où allons-nous et que faisons-nous?»

Philinte

Mon Dieu, des moeurs du temps
Mettons-nous, moins en peine,
Et faisons un peu grâce à la nature humaine;
Ne l'examinons point dans la grande rigueur,
Et voyons ses défauts avec quelque douceur.
Il faut, parmi le monde, une vertu traitable;
A force de sagesse, on peut être blâmable;
La parfaite raison fuit toute extrémité,
Et veut que l'on soit sage avec sobriété.
Cette grande roideur des vertus des vieux âges
Heurte trop notre siècle et les communs usages;
Elle veut aux mortels trop de perfection:
Il faut fléchir au temps sans obstination;
Et c'est une folie à nulle autre seconde
De vouloir se mêler de corriger le monde.

MOLIÈRE, (1622 - 1673)
« Le Misanthrope »,

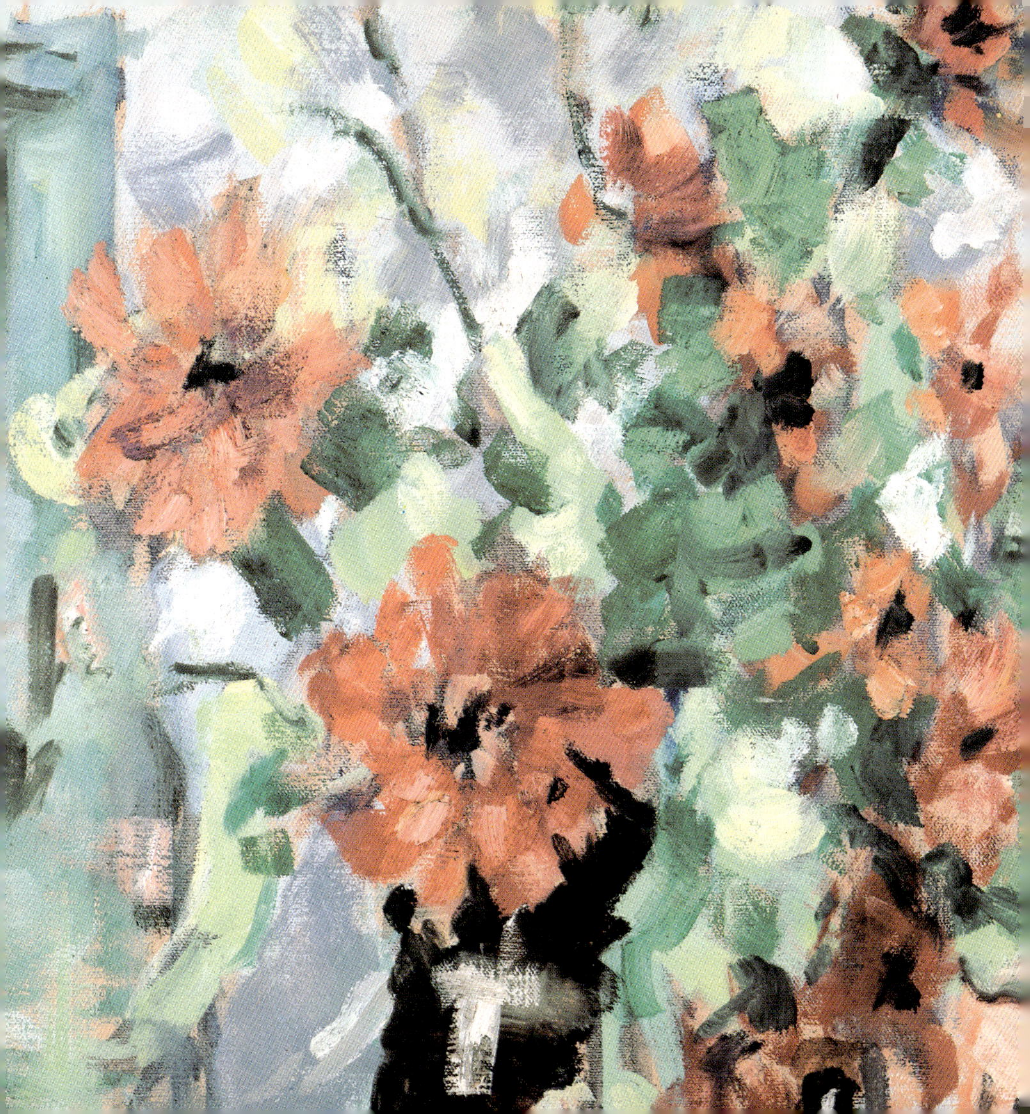

J'espère que vous trouvez du bonheur dans les grandes choses de la vie mais aussi dans les petites choses. Une fleur, une chanson, un papillon sur votre main.

ELLEN LEVINE

J'ai appris à avoir
des objectifs très modestes
à l'égard de la société et pour moi-même ;
des choses telles que de l'air pur,
une herbe verte,
des enfants au regard pétillant,
ne pas être bousculé,
un travail utile qui convienne à mes aptitudes,
une nourriture simple et savoureuse,
et de temps à autre une relation intime
satisfaisante.

PAUL GOODMAN (1911-1972)

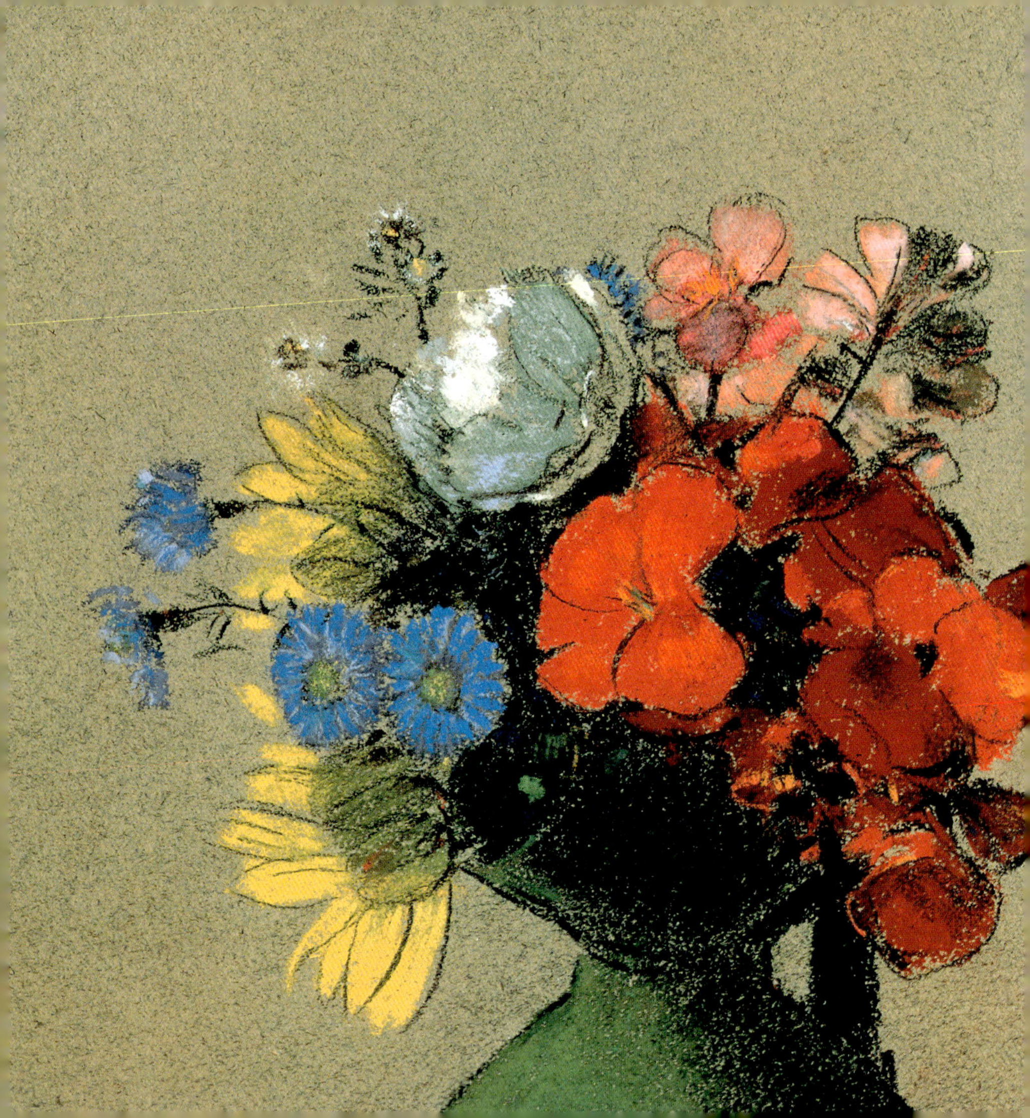

Entre peurs et espérance,
vacille la flamme de notre vie
sur le seuil d'une ère nouvelle.
Je vous souhaite
d'aller vers ce qui vient,
délestés de tous remords,
de tout regret.
Chaque rancune tenace déracinée.
Il nous appartient d'opposer
aux ténèbres croissantes
la ferveur d'une clarté:
d'attiser la confiance,
de propager cette lumière
modeste et résolue.
Tâche d'homme et de femme,
compagnons de fêtes
et de deuils, d'équipée,
de traversée.

COLETTE NYS-MAZURE

Le médicament pour toutes les atteintes
de la vie repose au fond de nous-mêmes.
L'accès en devient possible lorsque
nous sommes seuls.
Cette solitude est un monde en soi,
rempli de merveilles et de ressources
inimaginables.
Il est ridiculement proche et pourtant
si difficile d'accès!

RABINDRANATH TAGORE, (1861 - 1941)

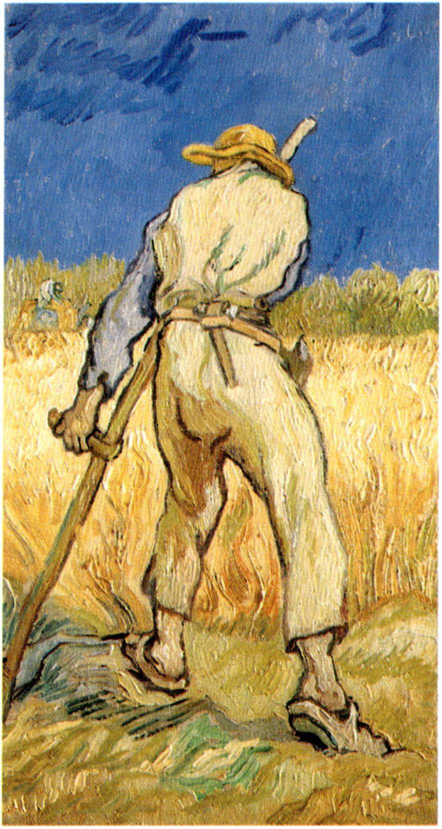

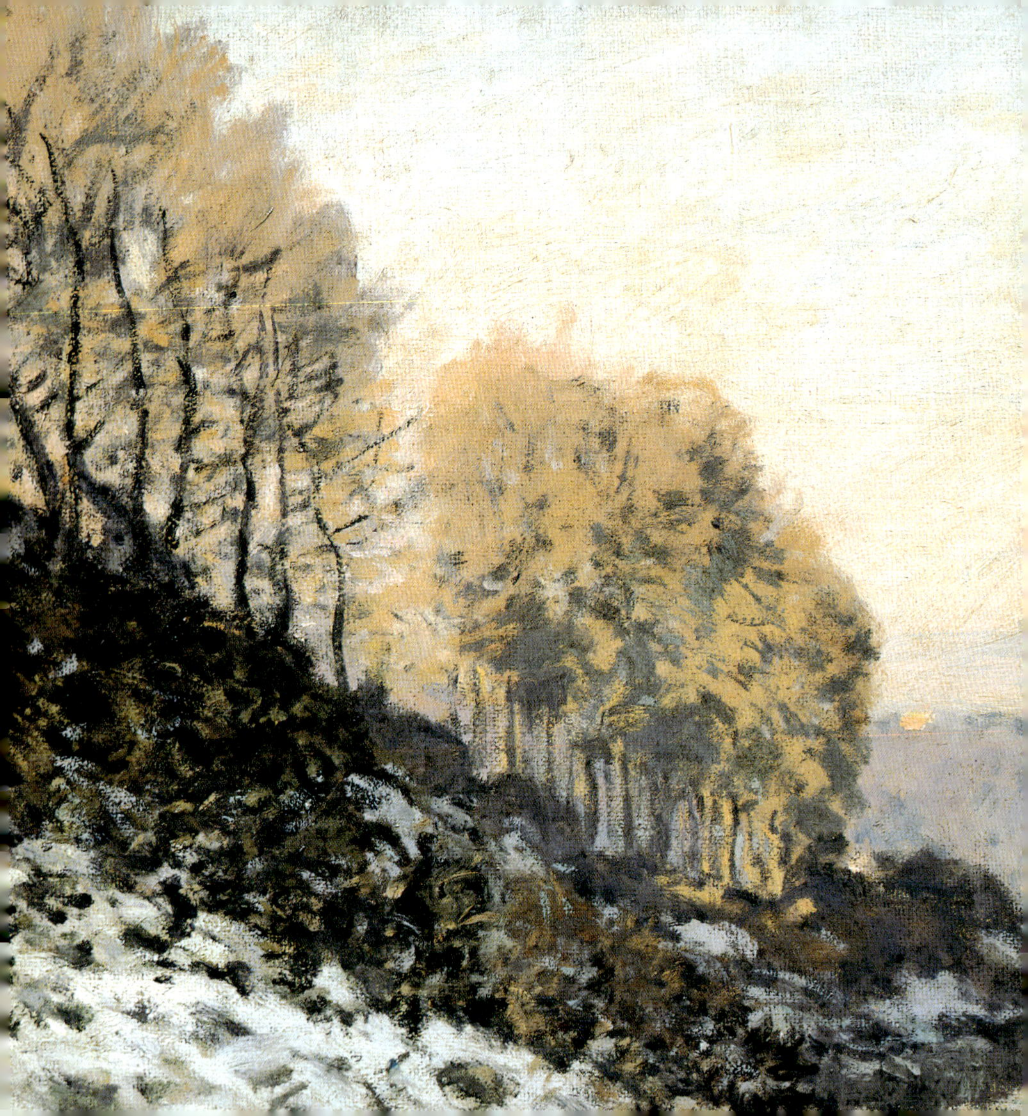

La véritable beauté doit venir, doit grandir, de l'intérieur....

RALPH W. TRINE, (1866-1958)

Lorsque nous expérimentons des moments d'extase,
dans le jeu, l'art, le sexe - ils n'arrivent pas comme
une exception, un accident, mais comme
un goût de ce que la vie devrait être...
L'extase est un concept, un but, mais il peut aussi
être un désir quotidien.
Ces moments où nous sommes à l'écoute de notre corps,
purs dans nos cœurs, lucides dans nos esprits,
enracinés dans nos âmes et baignés d'énergie,
l'essence de la vie, sont nos droits innés.
Ce n'est pas si difficile de s'arrêter et de s'abandonner
à la joie et à l'émerveillement d'être!
Les enfants le font tout le temps.
C'est un don naturel et humain qui devrait siéger
au cœur de nos existences.

GABRIELLE ROTH

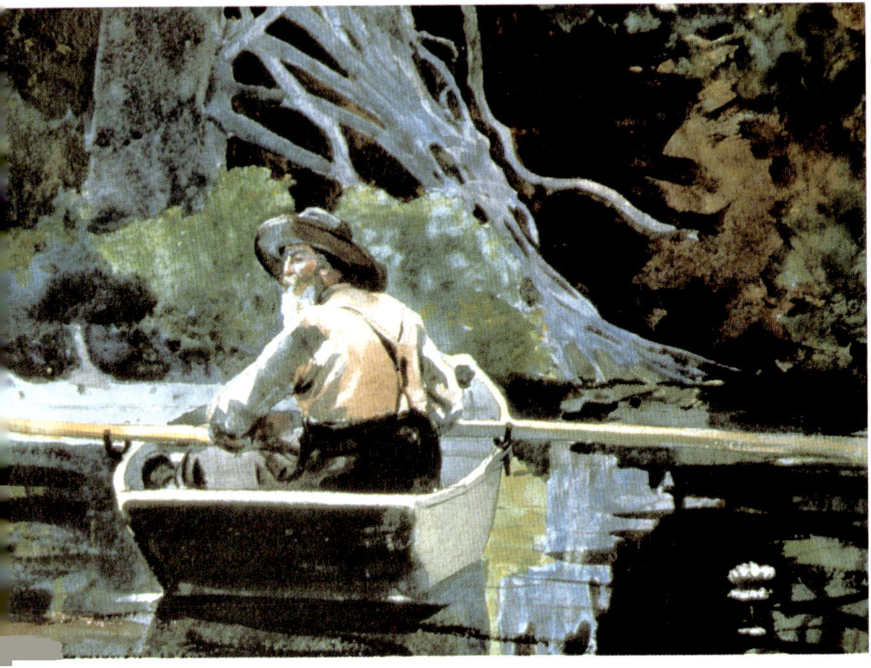

Vous demandez

pourquoi je fais ma maison

dans la forêt de la montagne,

et pourquoi je souris

et suis silencieux,

pourquoi mon âme

demeure sereine.

Elle vit

dans un autre monde

que personne ne possède.

Le pêcher y fleurit.

L'eau s'y écoule.

LI PO, (701 - 762)

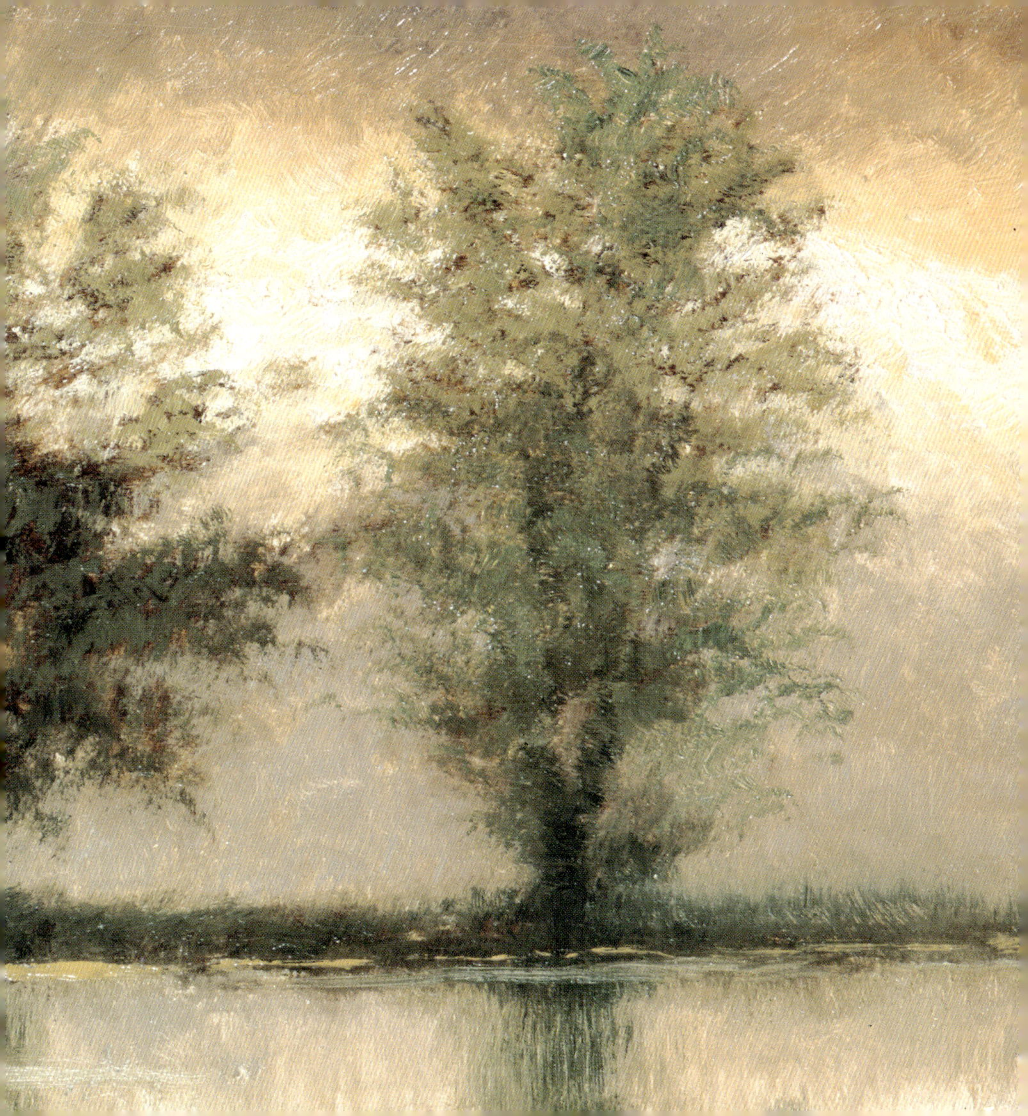

*Il devient nécessaire d'apprendre
à chasser tout nuage de l'esprit,
de le libérer de tout lest et
gravats inutiles, en commençant
par le fardeau qui nous lie aux
choses matérielles.*

INDRA DEVI, (1924 - 1950)

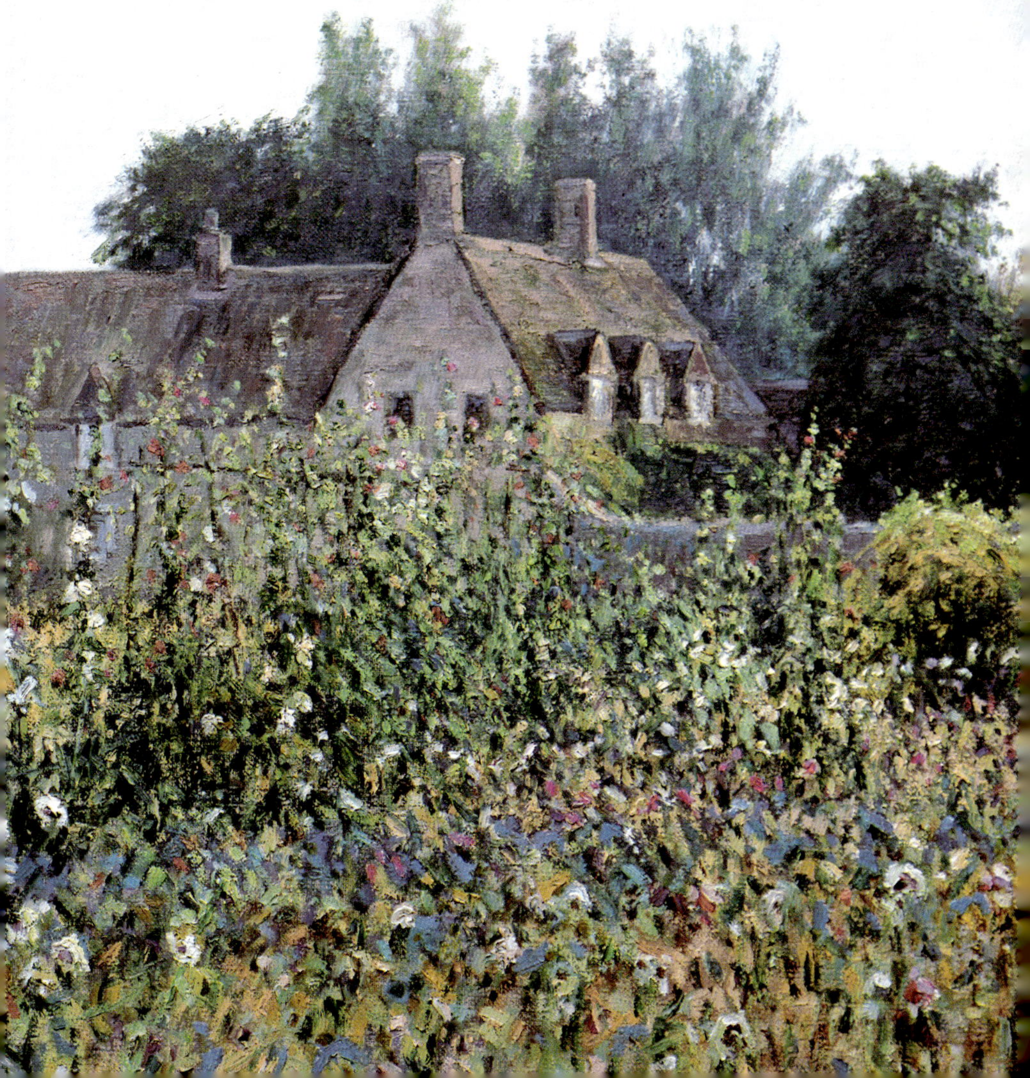

*Allégez le bateau de votre vie,
ne le chargez que de l'indispensable:
une maison accueillante et des plaisirs simples,
un ou deux amis dignes de ce nom, quelqu'un
que vous aimez et qui vous aime, un chat,
un chien, de quoi manger et de quoi vous vêtir...*

JEROME K. JEROME

IL EST LE PLUS HEUREUX, QU'IL SOIT ROI OU PAYSAN, CELUI QUI TROUVE LA PAIX CHEZ LUI.

JOHANN WOLFGANG VON GOETHE, (1749 - 1832)

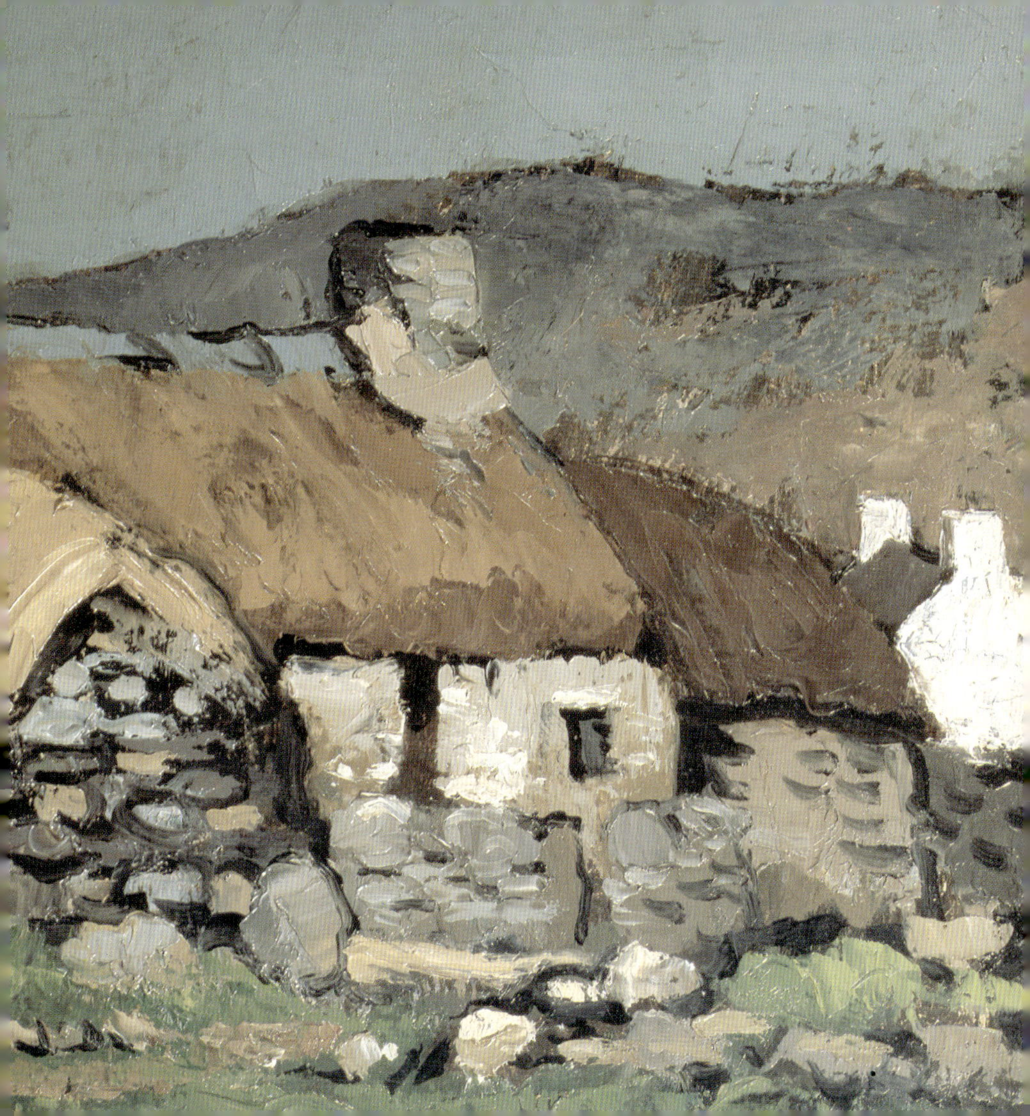

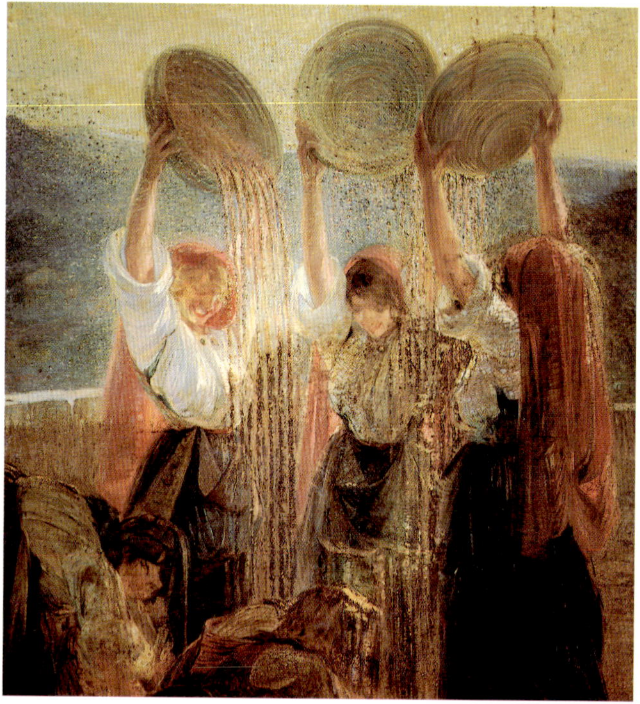

POSSÉDER N'EST PAS ESSENTIEL.

MAIS LE BONHEUR,

L'AMOUR DE CE QUI EST BEAU,

L'AMITIÉ ENTRE LES PEUPLES

ET LES INDIVIDUS,

VOILÀ LA VIE.

LAURIE STOCKWELL

Celui qui est pauvre et s'en accommode est riche,
suffisamment riche.

WILLIAM SHAKESPEARE, (1564 - 1616)

Comme les choses simples et ordinaires
sont sources de bonheur: un verre de vin,
une châtaigne grillée, un modeste petit brasier,
le bruit de la mer...
Tout ce qui est nécessaire pour sentir le bonheur,
ici et maintenant, est un cœur simple et humble.

NIKOS KAZANTZAKIS, (1883 - 1957)

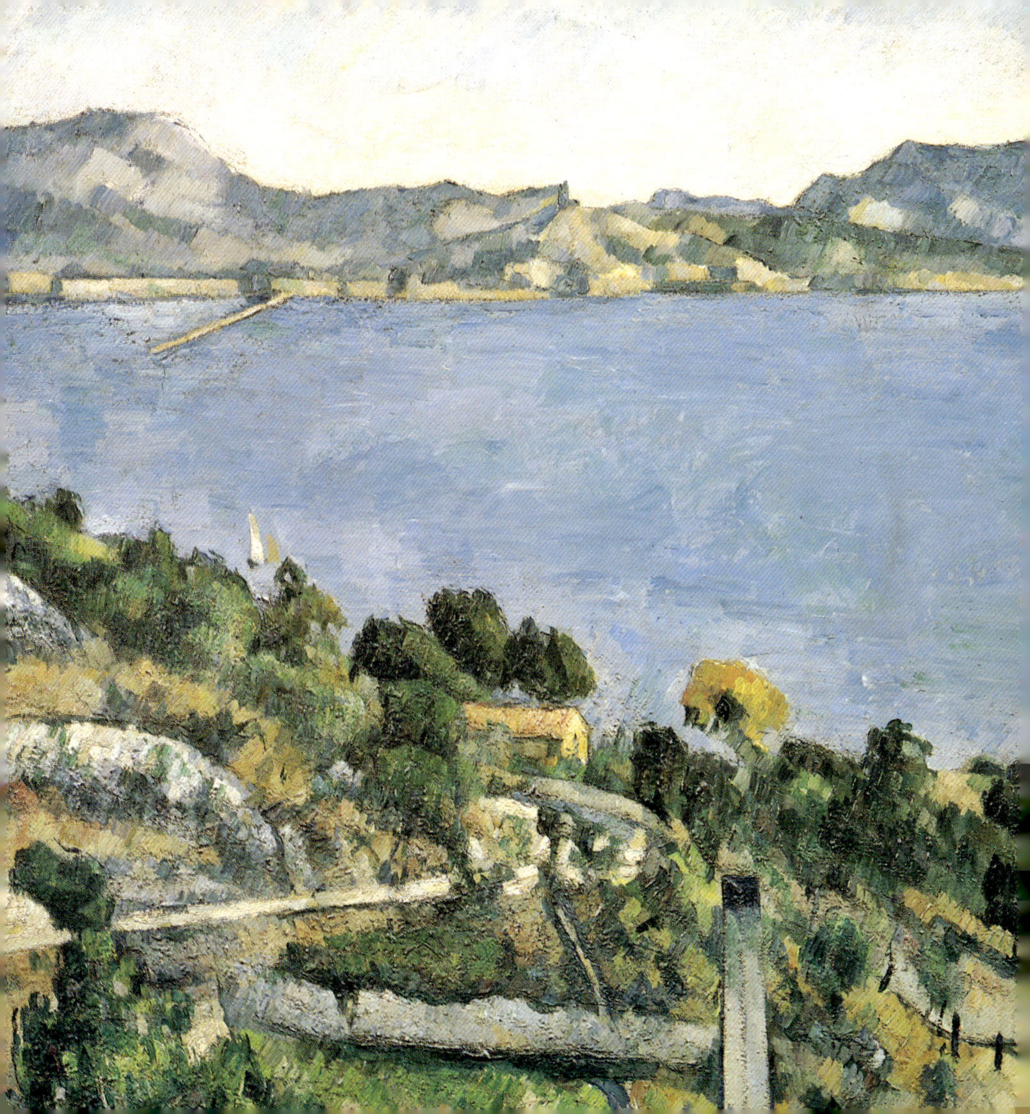

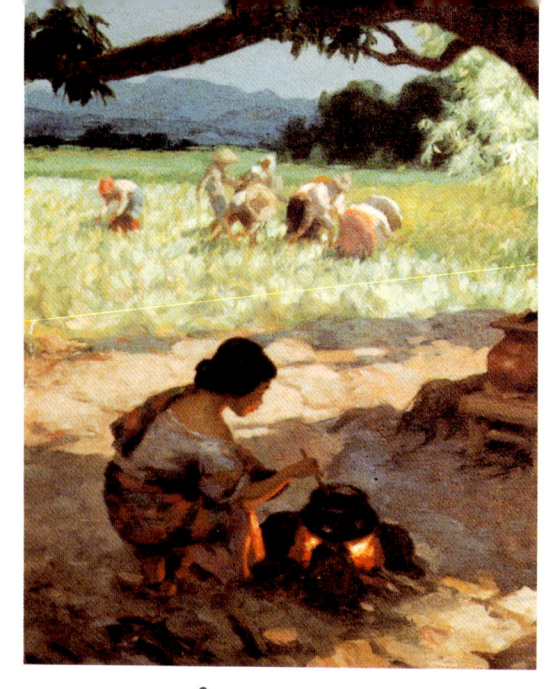

hum simple

LUI OU ELLE QUI SAIT
QU'ASSEZ EST ASSEZ
AURA TOUJOURS ASSEZ.

LAO - TZU, (6ème siècle av. J. C.)

Se contenter
de ce que l'on possède est la plus
grande et la plus sûre
des richesses.

CICÉRON, (106-43 av. J.-C.)

b l e

*Mes toutes premières émotions
sont liées à la terre
et aux travaux des champs.
Il émane de la terre
une profonde allusion à la pauvreté
et j'aime la pauvreté par dessus tout.
Pas cette pauvreté sordide et famélique
mais la pauvreté qui est bénédiction -
simple, humble, comme le pain noir.*

FREDERICO GARCÍA LORCA,
(1898 - 1936)

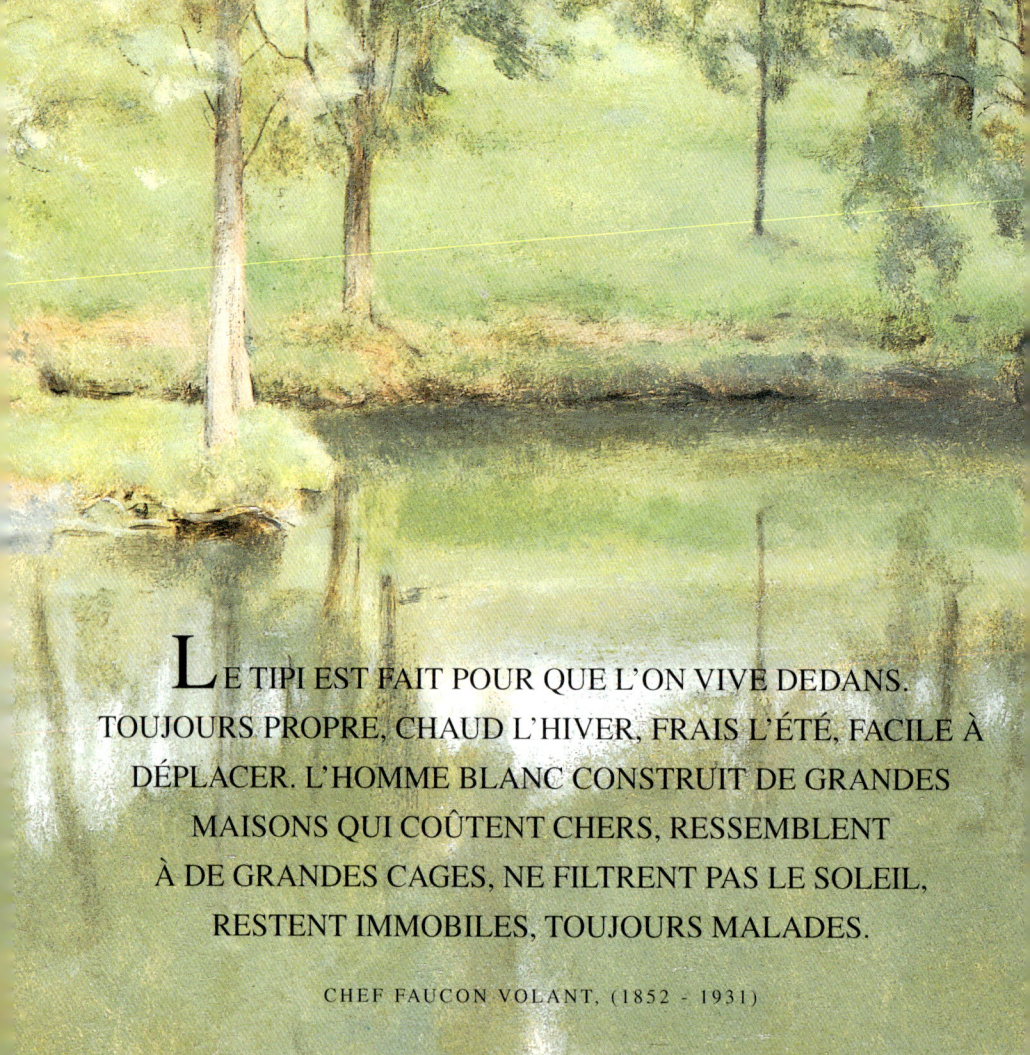

Le tipi est fait pour que l'on vive dedans. Toujours propre, chaud l'hiver, frais l'été, facile à déplacer. L'homme blanc construit de grandes maisons qui coûtent chers, ressemblent à de grandes cages, ne filtrent pas le soleil, restent immobiles, toujours malades.

CHEF FAUCON VOLANT, (1852 - 1931)

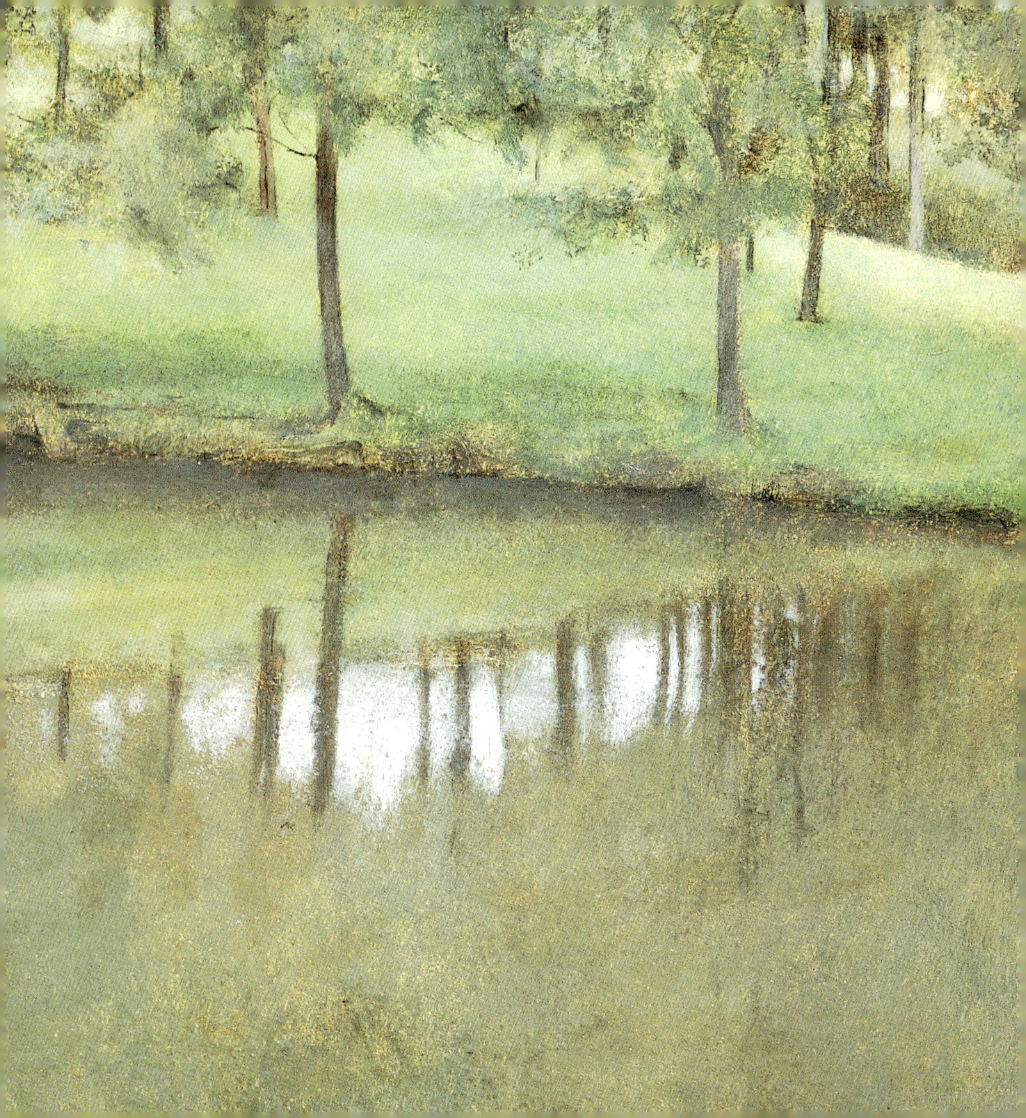

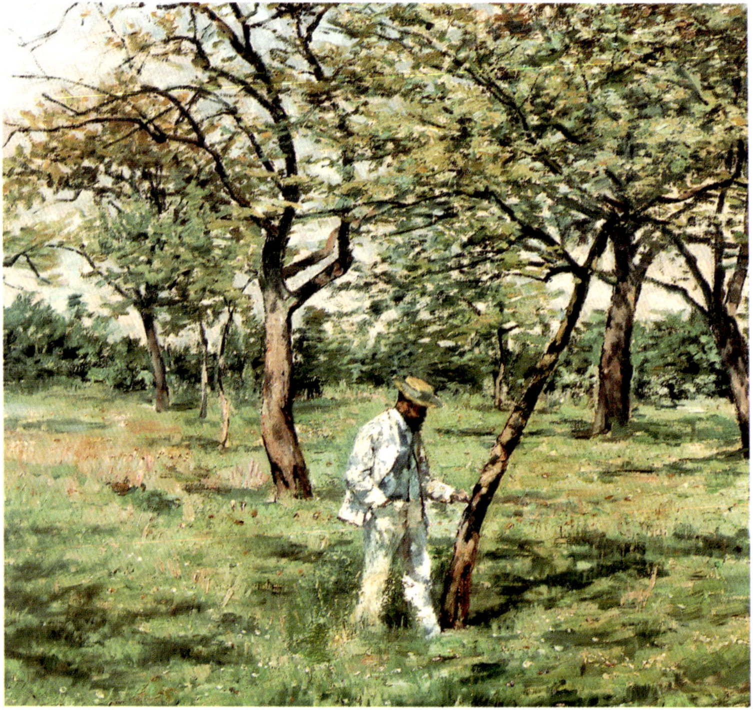

*C'est dans la solitude
que nous sommes le moins seuls.*

LORD BYRON, (1788 - 1824)

La sagesse
« *une égalité d'âme que rien
ne peut troubler,
qu'aucun désir n'enflamme* ».

NICOLAS BOILEAU, (1636 - 1711)

*Par dessus tout, n'oublions jamais
qu'un acte de bonté
est en soi un acte de bonheur.
C'est la fleur d'une longue vie intime
faite de joie et de satisfaction;
elle nous parle d'heures et de jours de paix
sur les hauteurs les plus ensoleillées
de notre âme.*

MAURICE MAETERLINK, (1862 - 1949)

LA VRAIE JOIE EST SEREINE.

SÉNÈQUE, (env. 4 av. J.-C. - 65 ap. J.-C.)

*Patience, patience,
patience dans l'azur!
Chaque atome de silence
est la chance
d'un fruit mûr!*

PAUL VALERY, (1871 - 1945)

*Qui vit sans folie
n'est pas si sage
qu'il croit.*

LA ROCHEFOUCAULD, (1613 - 1680)

J'aime les paysans,
ils ne sont pas assez savants
pour raisonner de travers.

MONTESQUIEU, (1689 - 1755)

Simplifier. Arrêter
de s'inquiéter pour
des choses futiles!
Ayant, jusqu'à présent,
voué ma vie à mon travail,
je devrais en récolter
les fruits et apprendre
à vivre comme il faut
le reste de ma vie.
Le moment est venu
de m'occuper des arbres,
de l'herbe et de tout
ce qui pousse.

AUTEUR INCONNU

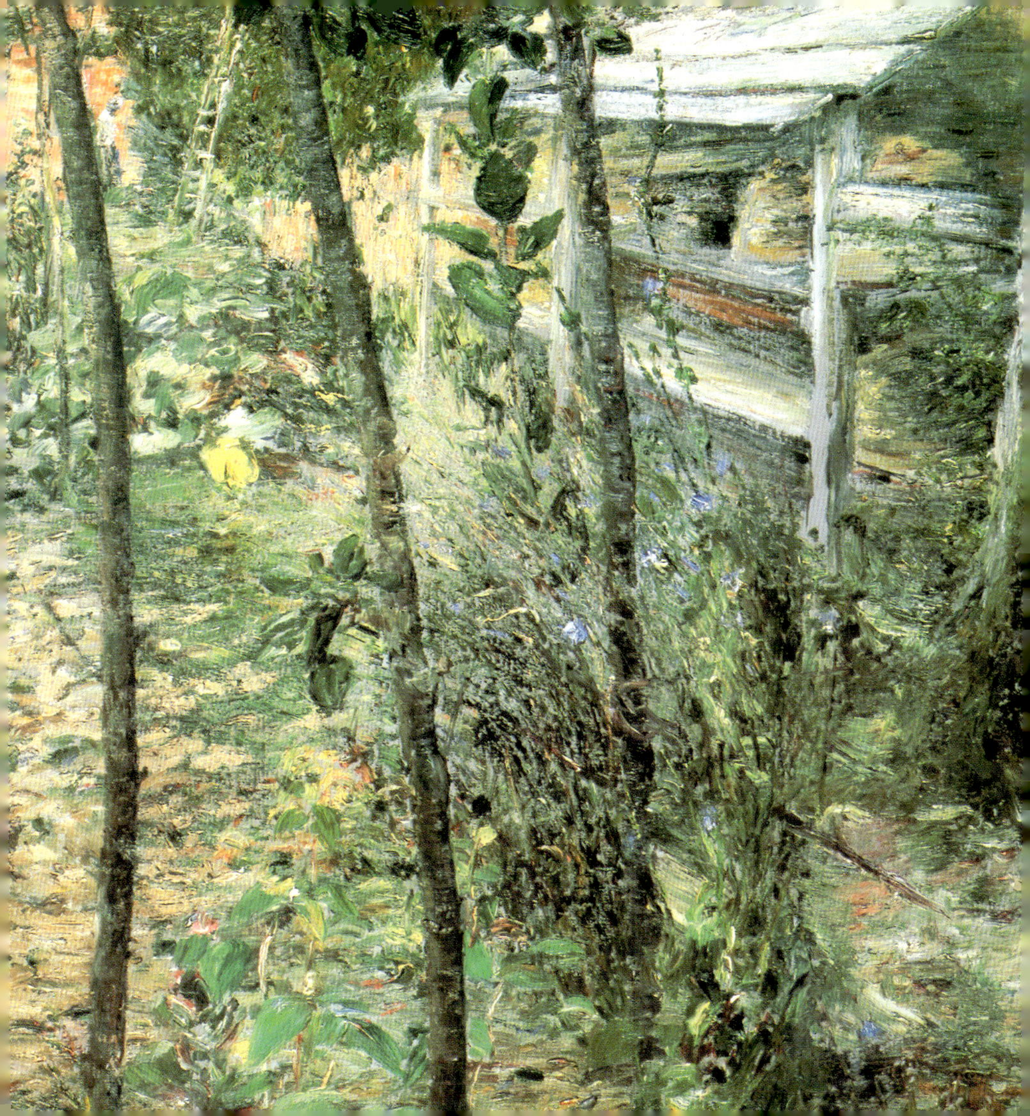

Je bois du thé,

et mange du riz,

je vis au rythme

du temps qui passe;

Je regarde le courant,

je lève les yeux

vers la montagne,

Comme je me sens

vraiment

serein

et détendu!

PAO - TZU WEN - CH'I, (c. 900)

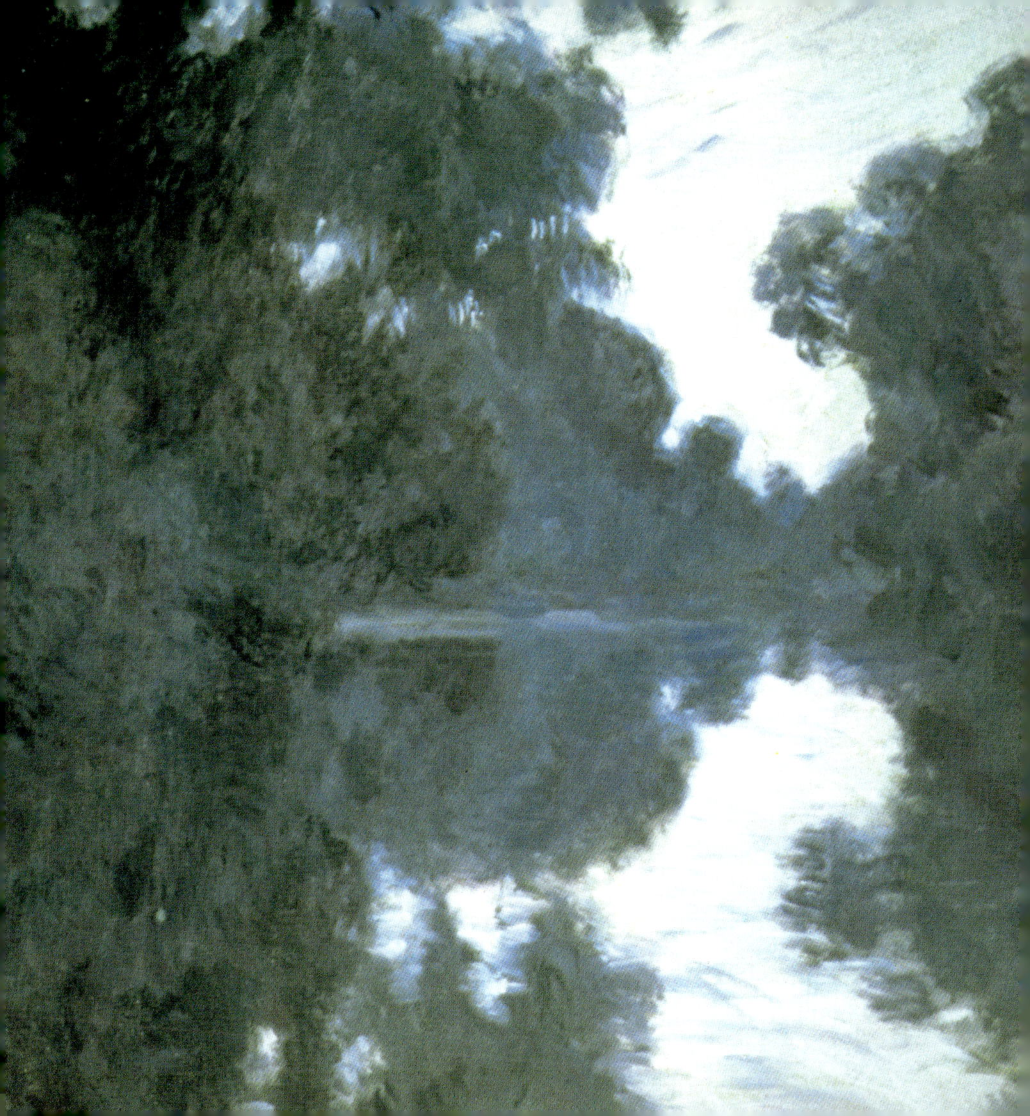

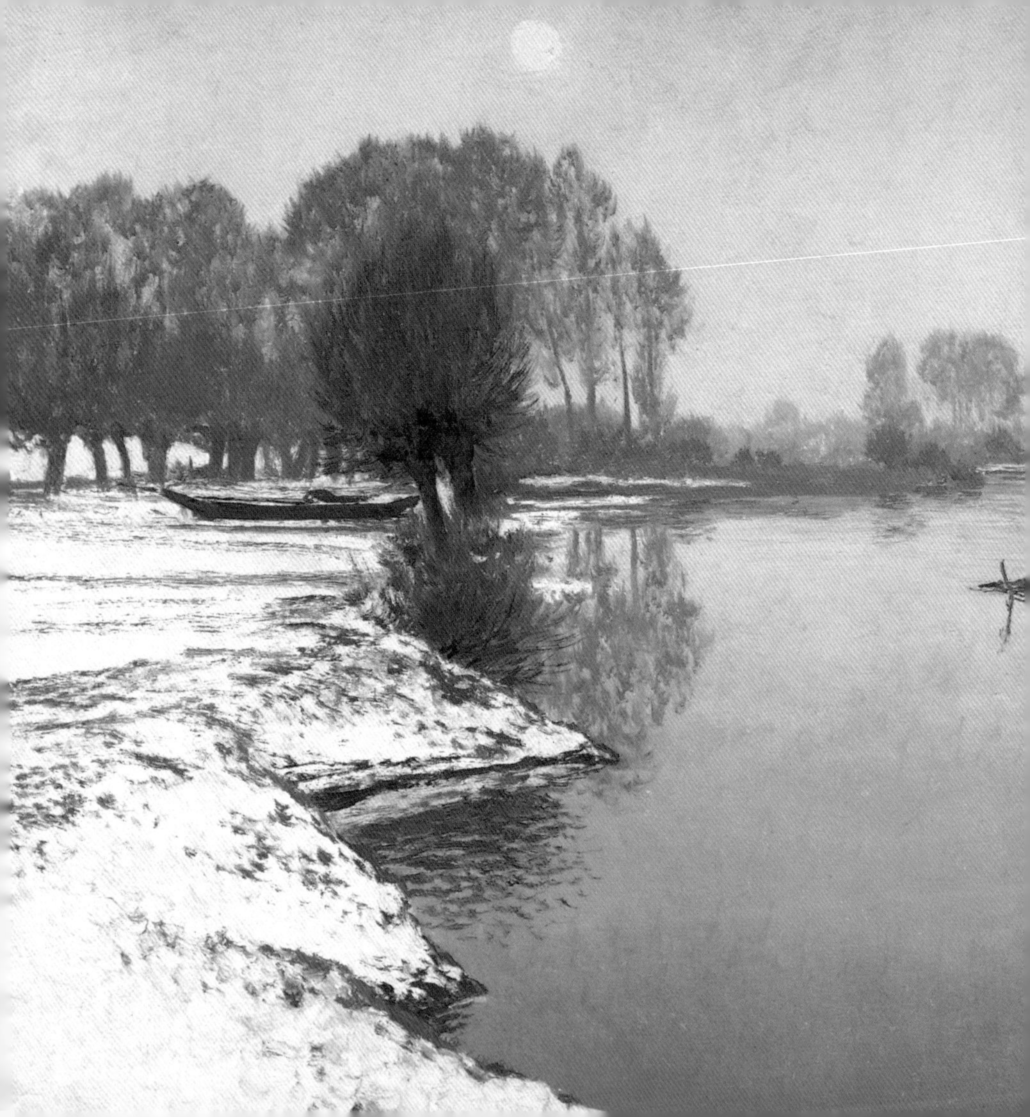

Il y a en toutes choses

une inépuisable mansuétude

et pureté,

un silence qui est une fontaine

d'action et de joie.

Cela monte dans une douceur

muette et s'écoule

par les racines invisibles

de tout ce qui existe.

THOMAS MERTON, (1915 - 1968)

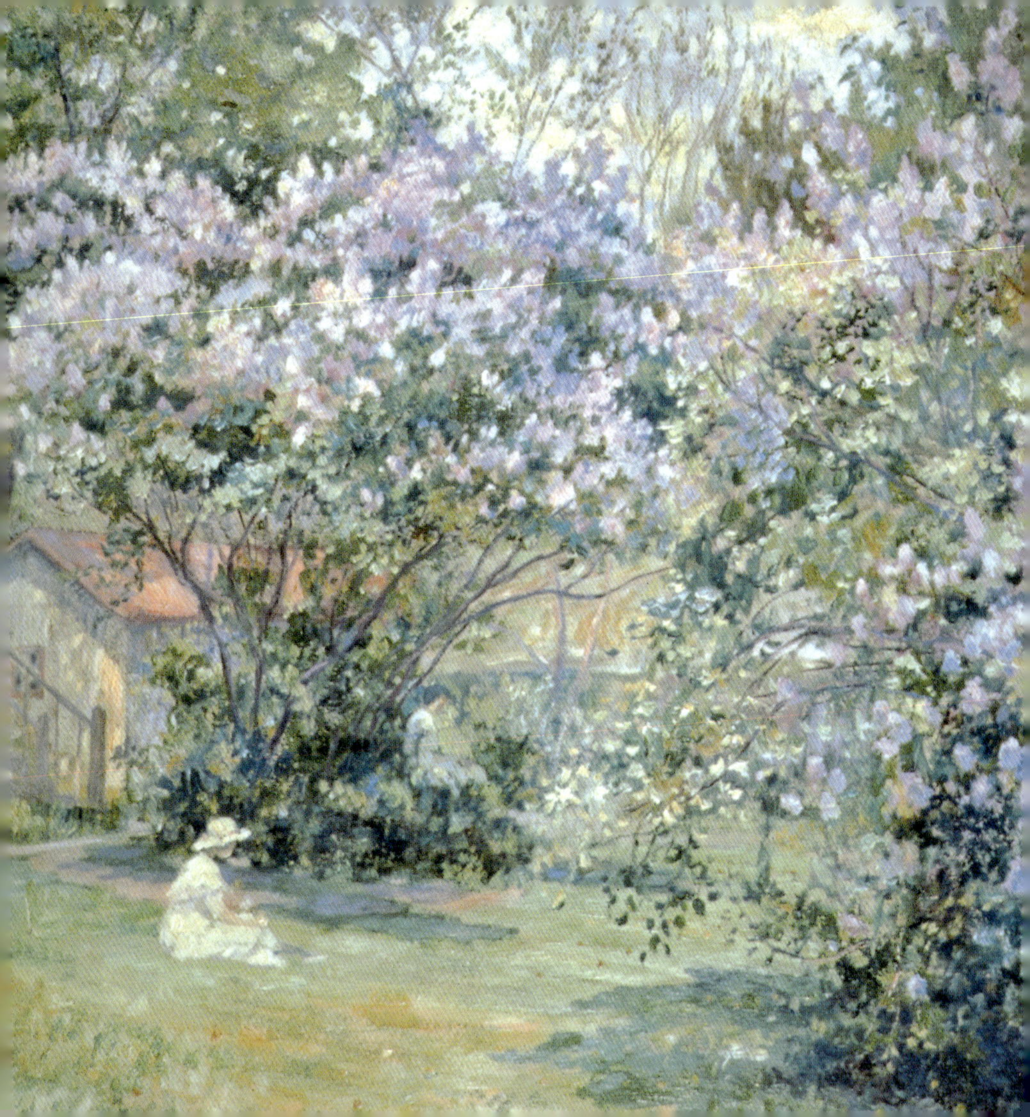

N'ayez jamais peur de vous asseoir un instant pour réfléchir.

LORRAINE HANSBERRY, (1930-1965)

ASSIS, JE MÉDITE
JE NE FAIS RIEN,
LE PRINTEMPS ARRIVE,
ET L'HERBE POUSSE
TOUTE SEULE.

OSHO, (1931 - 1990)

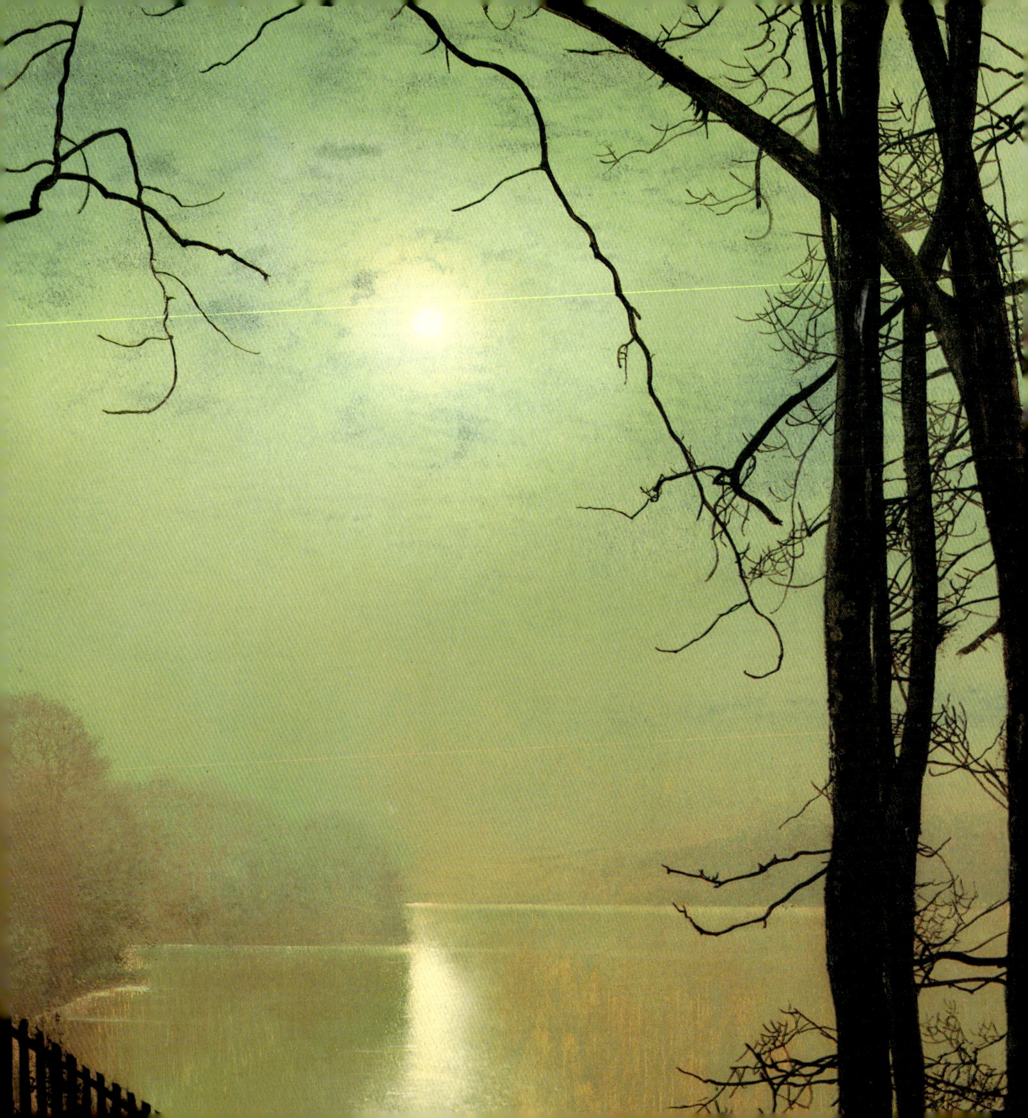

*Ici nous nous assoirons
et laisserons les sons de la mélodie
s'introduire dans nos oreilles:
un léger engourdissement et la nuit
deviendront les caresses d'une
douce harmonie.*

WILLIAM SHAKESPEARE, (1564 - 1616)

PLUS VOUS GAGNEZ EN CALME, MIEUX VOUS ENTENDEZ.

BABA RAM DASS

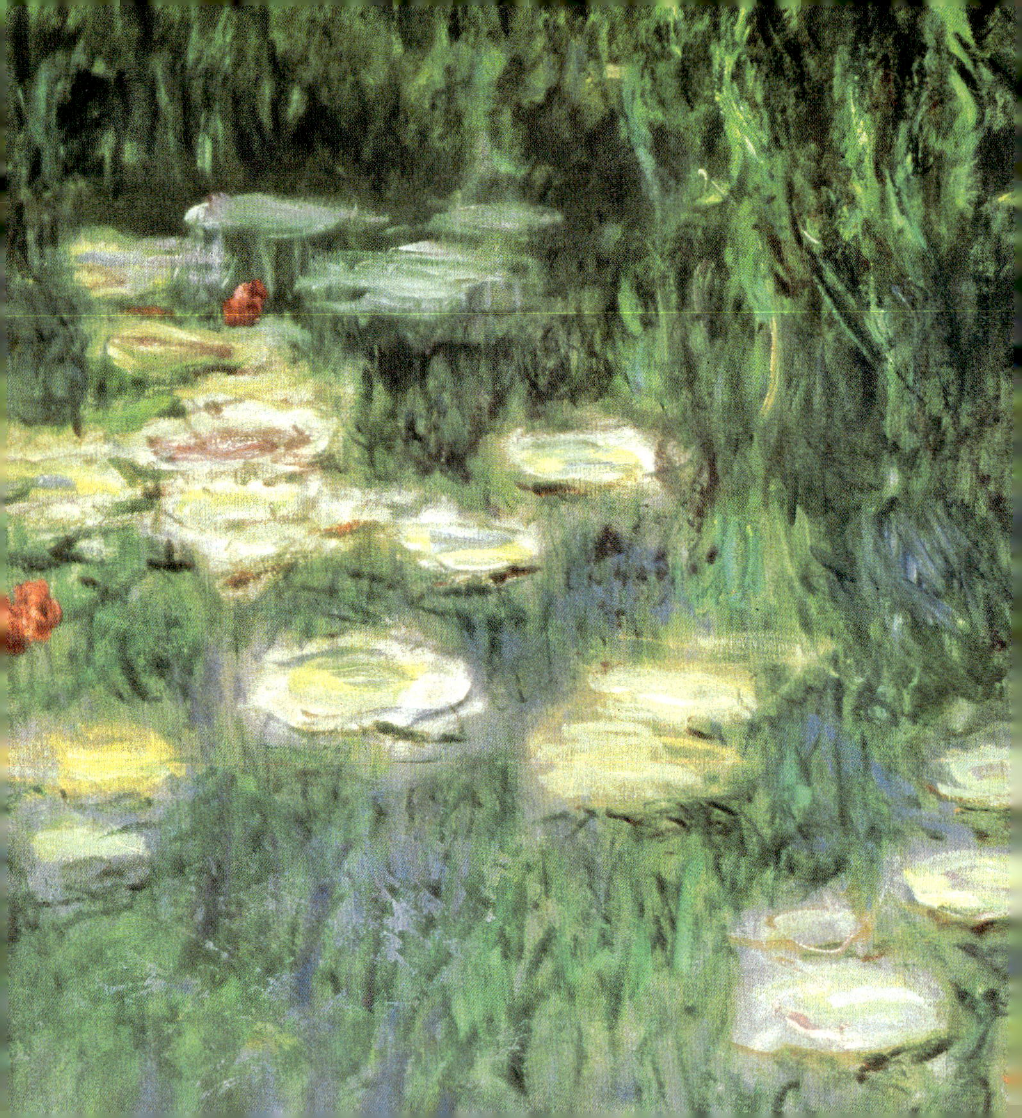

Alors, pendant que d'autres

s'engagent misérablement

à poursuivre une ambition

ou un pouvoir furtif,

je serai allongé, dans l'ombre,

en train de chanter.

FRAY LUIS DE LEÓN, (env. 1527 - 1591)

J'ai demandé la richesse pour être heureux;
On m'a offert la pauvreté pour être sage.

J'ai demandé tout ce qui me ferait apprécier la vie;
On m'a donné la vie pour que j'apprécie toutes choses.

Je n'ai rien eu de ce que j'avais demandé;
Mais j'ai eu tout ce que j'avais espéré.

AUTEUR INCONNU

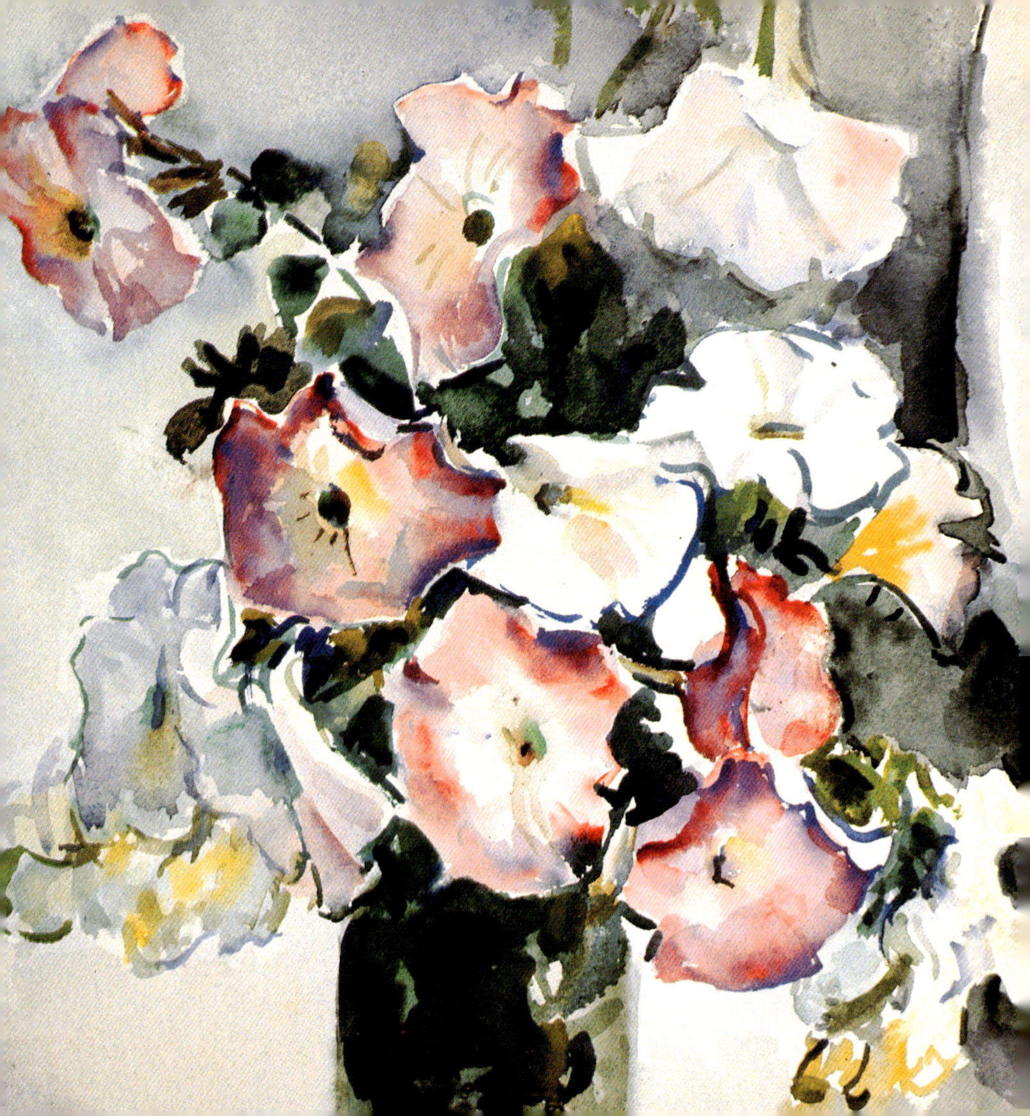

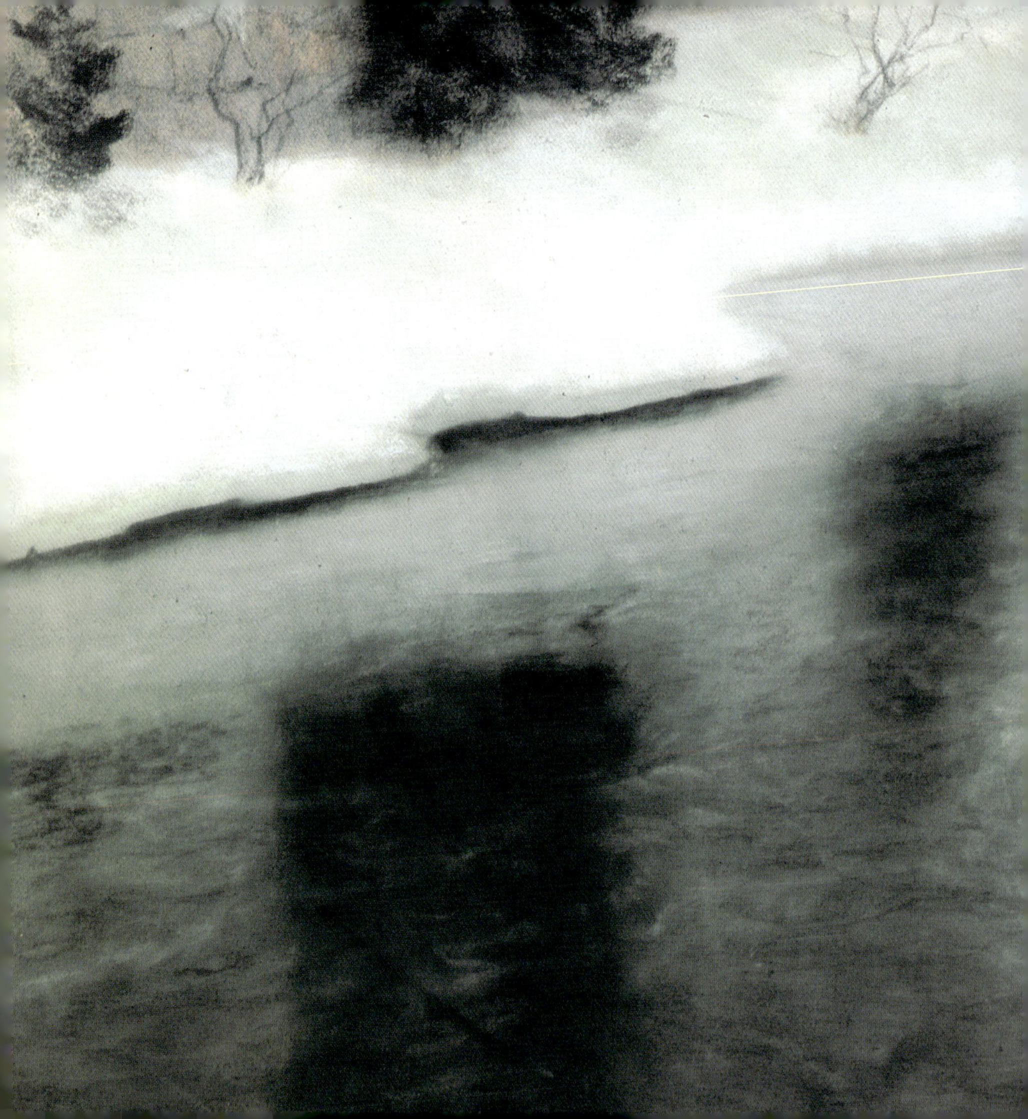

LE VRAI BONHEUR
APPARTIENT
AUX SAGES.

JEAN-JACQUES ROUSSEAU, (1712 - 1778)

*Même si nous voyageons de par le monde
pour trouver le beau,
nous devons le porter en nous ou
nous ne le trouverons pas.*

RALPH WALDO EMERSON, (1803 - 1882)

Au plus profond de l'âme, sous la douleur,

sous tout ce qui étourdit la vie, existe

un vaste et majestueux silence, un océan infini de calme,

que rien ne peut déranger,

une réserve de sérénité propre à la nature

et qui «dépasse l'entendement».

Cette sérénité que nous recherchons ardemment,

ici et là, à l'extérieur,

nous la trouvons finalement en nous.

C.M.C CITÉ PAR R. M. BUCKE

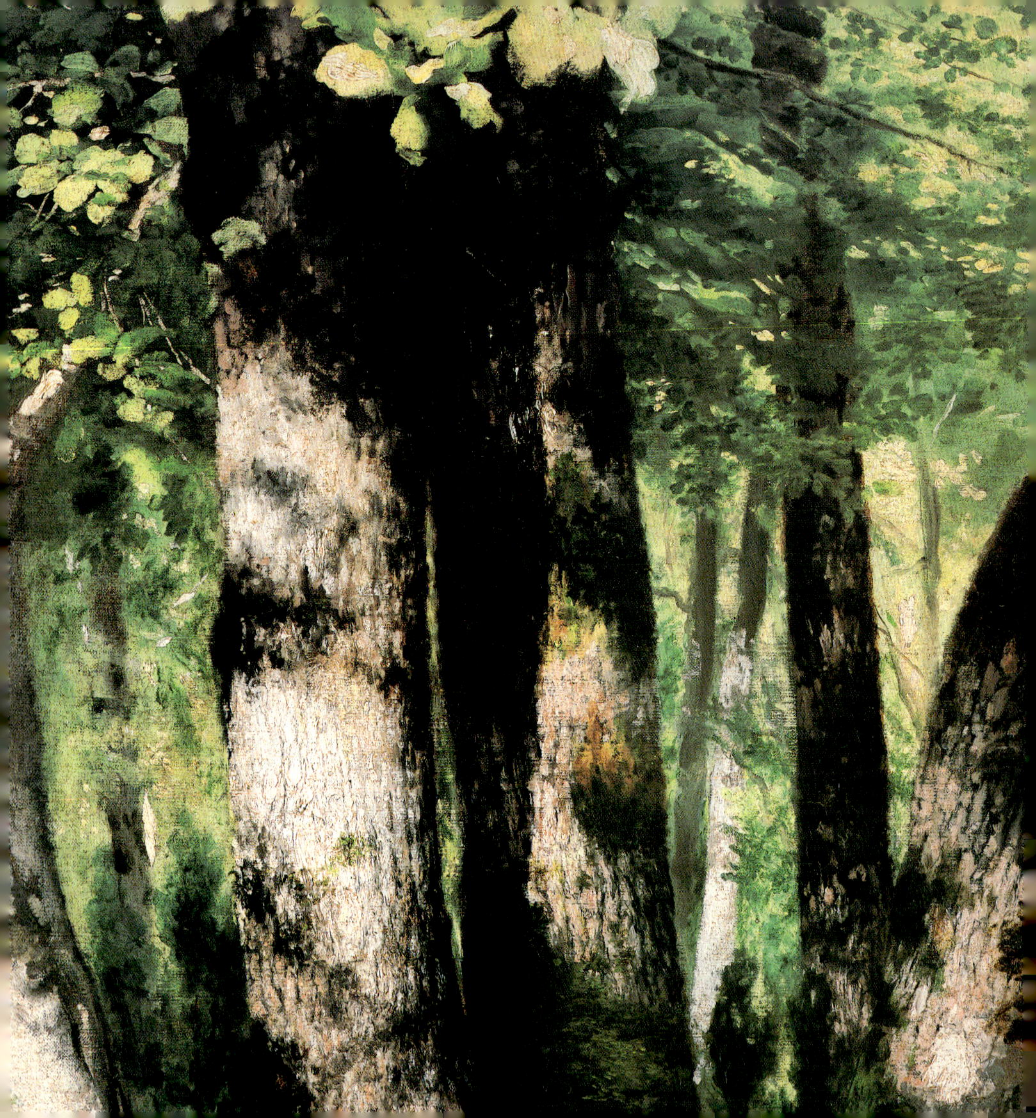

Il existe un silence dans lequel le monde ne peut s'introduire.
Il existe une vieille sérénité
qui habite votre cœur et que vous n'avez pas perdue.

DANS «LA COUR DES MIRACLES»

IL Y A PLUS D'UNE SAGESSE,
ET TOUTES SONT NÉCESSAIRES AU MONDE;
IL N'EST PAS MAUVAIS QU'ELLES
ALTERNENT.

MARGUERITE YOURCENAR, (1903 - 1987)

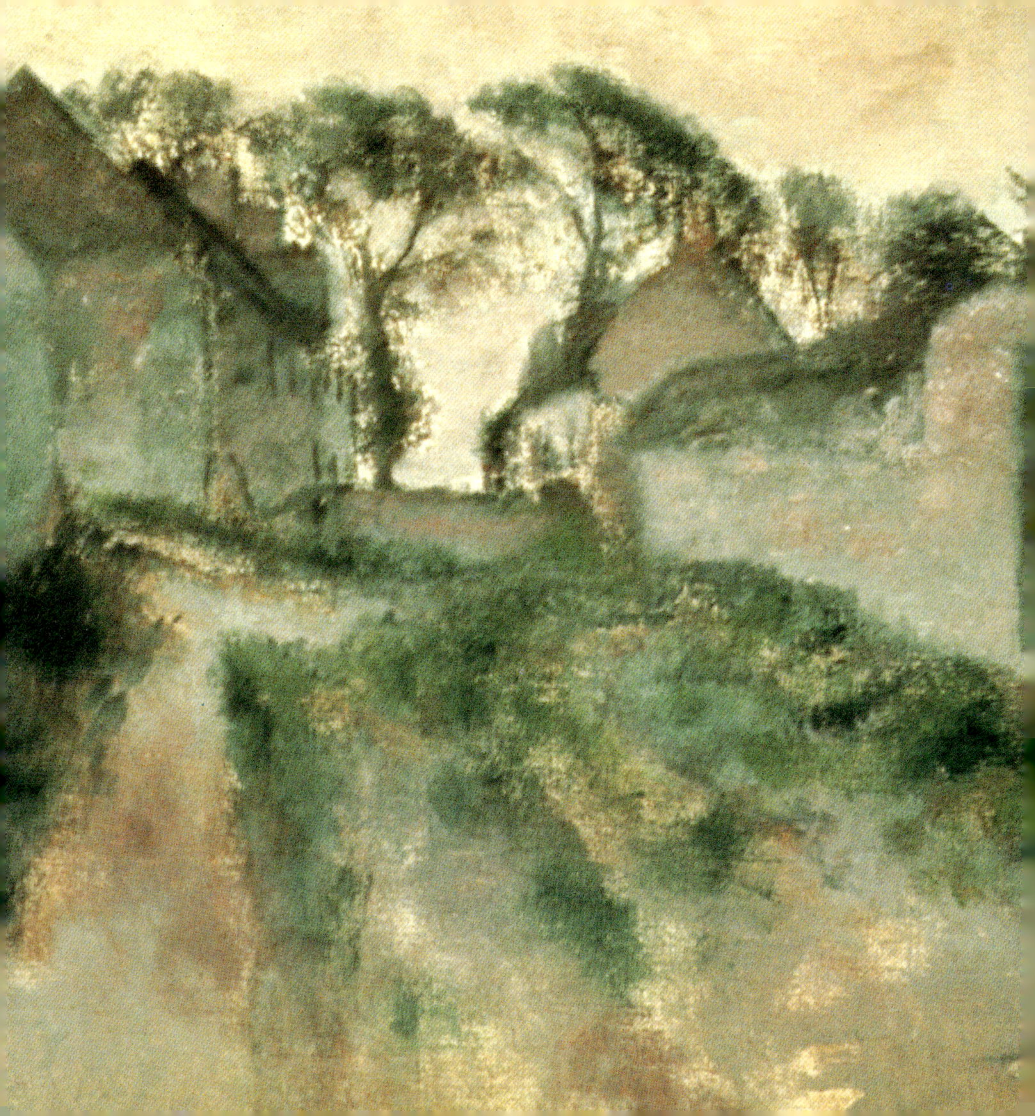

*Que la paix, et la paix,
et la paix soient partout.*

LES UPANISHADES,
(env. 900-600 av. J.-C.)

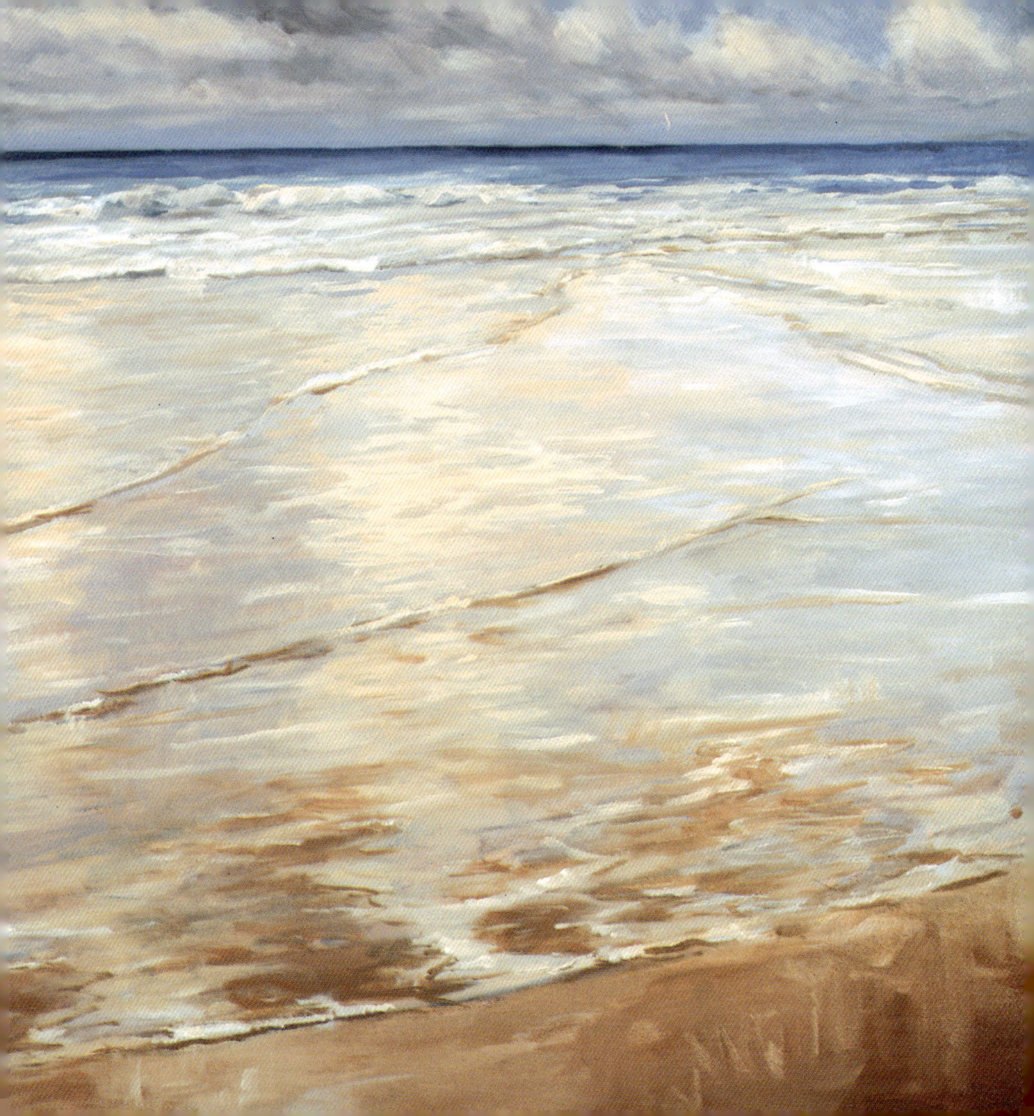

REMERCIEMENTS

Les éditeurs remercient les détenteurs de droits de leur aimable autorisation à reproduire leurs œuvres. Si l'un d'eux, malgré leurs recherches, avait été oublié, qu'il veuille bien les contacter afin de réparer cette omission dans la prochaine édition de ce livre.

TEXTES :
BERNARD LEVIN : extrait de Times Newspaper Ltd. © Bernard Levin 1968.
GABRIELLE ROTH : *Cartes vers la félicité* © 1989 New World Library, Novato, CA.
SARA TEASDALE : *La nuit* Imprimé avec la permission de Simon et Schuster, extrait du *Recueil de poèmes de Sara Teasdale* © 1930 Sara Teasdale Filsinger, droits d'auteurs renouvelés © 1958 par Guaranted Trust Company de New York, exécuteur testamentaire. J. DONALD WALTERS *Il y a de la joie au paradis*, publié par Crystal Clarity Publishers.

ILLUSTRATIONS :
Couverture, pages de garde et page de titres : *Soleil d'hiver*, © 2000 MAX CLARENBACH, Galerie Paffrath.

Page 6 : *Vue d'une fenêtre* SPENCER FREDERICK GORE, City Art Gallery de Southampton, The Bridgeman Art Library.

Page 8/9 : *Vue sur la chum Valley, le Haut Coberley, Glouscestershire* © 2000 CHARLES NEAL, SuperStock.

Page 11 : *Nature morte d'une bouilloire,* © 2000 PAUL CEZANNE, Musée d'Orsay, Paris AISA.

Page 12/13 : *Rivière Nene, près de Widenhoe, Northamptonshire,* © 2000 CHARLES NEAL, SuperStock.

Page 15 : *Table de petit-déjeuner,* © 2000 JOSEPH MILNER KITE, Waterhouse and Dodd, Londres, Bibliothèque d'Art Bridgeman.

Page 16/17 : *Nuit de novembre,* © 2000 JULIAN NOVOROL, Bibliothèque d'Art Bridgeman.

Page 19 : © 2000 PETER FIORE, Artworks.

Page 20 : *La rivière* © 2000 YVONNE DELVO, Bibliothèque d'Art Bridgeman.

Page 22/23 : *Ferme normande, en été,* PAUL CEZANNE, AKG.

Page 24/25 : *Eau et rochers,* © 2000 ALEKSANDR ANDREEVIC IVANOV, Musée d'État Russe, St. Petersbourg, SuperStock.

Page 27 : *Nature morte,* PAUL CEZANNE, Collection privée.

Page 28/29 : *Bordure herbacée.* © 2000 HUGH L. NORRIS, Christopher Wood Gallery, Londres, Bibliothèque d'Art Bridgeman.

Page 30/31 : *Woodmancote, Gloucestershire,* © 2000 CHARLES NEAL, SuperStock.

Page 33 : *Fleurs de St. Tropez,* © 2000 RICHARD CARLINE, Edimedia.

Page 34 : *Lis de rochers,* © 2000 MARGARET PRESTON, Galerie Nationale australienne, Canberra, Bibliothèque d'Art Bridgeman.

Page 37 : *Nature morte,* © 2000 KUZMA PETROV-VODKIN, Scala.

Page 38 : *Pétales de mai sur la Moat Edge,* © 2000 TIMOTHY EASTON, Bibliothèque d'Art Bridgeman.

Page 40/41 : *Crépuscule à la lisière de l'Albanie,* GEORGE H. BOUGHTON, Collection privée.

Page 43 : Artiste inconnu, Chris Beetles Gallery.

Page 45 : *Enfants et jeunes filles cueillant des fleurs dans une prairi au nord de Skagen,* MICHAEL PETER ANCHER, Skagens Museum, Danemark, Bibliothèq d'Art Bridgeman.

Page 46/47 : *Hiver à Wittever,* © 2000 MAX CLARENBACH, Galerie Paffrath..

Pages 49 : *À travers la fenêtre,* © 2000 WALTER FARMER, Bibliothèque d'Art Bridgeman.

Page 50/51 : *Soleil et brouillard à Eragny,* CAMILLE PISSARO, SuperStock.

Pages 52/53 : *Jeu d'ombre et de lumière sur champ d'iris.* © TIMOTHY EASTON, Bibliothèque d'Art Bridgeman.

Page 55 : *Agapanthus molucela.* © 2000 KAREN ARMITAGE, Bibliothèque d'Art Bridgeman.

Page 56/57 : *Coucher de soleil orageux,* JOHN RUSKIN, Musé Ruskin, Coniston, Bibliothèque d'Art Bridgeman.

Page 58/59 : *Ripe Wheatfields.* © FRITZ OVERBECK, Worpwe kunsthalle, Stade, Bibliothèque d'Art Bridgeman.

Page 60/61 : *Reflets sur un Fjord*

norvégien, ADELSTEEN NORMANN, Fine Art Photographic Library.

Page 62: *À la campagne,* BIERGA BOIX, Museo Comarcal, Catalogne, Index..

Page 64/65: *Douche d'été,* © 2000 GYOKUDO KAWAI, Bibliothèque d'Art Bridgeman.

Page 66/67: *Première neige à Niederrhein,* © 2000 MAX CLARENBACH, Galerie Paffrath.

Page 68: *Tournesols,* VINCENT VAN GOGH, Rijkmuseum, Amsterdam.

Page 71: *Portrait de Jacques Aved.* J. S. CHARDIN, Louvre, Paris, Giraudon.

Page 72/73: *Printemps,* © 2000 JAMES HERBERT SNELL, Bourne Gallery, Fine Art Photographic Library.

Page 74/75: *Le pont à Maincy.* PAUL CEZANNE, Musée d'Orsay, Paris, Bibliothèque d'Art Bridgeman.

Page 77: *Nature morte avec fruit.* PAUL GAUGUIN, Pushkin Museum.

Page 79: © 2000 JOEL SPECTOR. Artworks.

Page 81: *Prunes,* A. HERMAN-ALLYAN, Fine Art Photographic Library.

Page 83: *Iris jaunes et nuage rose,* CLAUDE MONET, Collection privée.

Page 86: *Tisserand,* © 2000 DIEGO RIVERA, SuperStock.

Page 87: *Zinnias,* © 2000 JOHN HOLLIS KAUFMANN, SuperStock..

Page 88: *Nature morte de jardin,* © MARTHA WALTER, David David Gallery, Philadelphie, SuperStock.

Page 90: *Géraniums et fleurs sauvages,* ODILON REDON, Giraudon.

Page 93: *Le moissonneur.* VINCENT VAN GOGH. Edimedia.

Page 94/95: *Port Marly, gelée blanche,* ALFRED SISLEY, Musée des Beaux-Arts, Lille, Art Resource.

Page 96/97: *Adirondack guide* WINSLOW HOMER, Musée des Beaux-Arts, Boston.

Page 98/99: *Scène nocturne sur le lac,* © 2000 SZEPESY-KUSZKA. Bibliothèque d'Art Bridgeman.

Page 100/101: *Lopin de terre de South Cerney,* Gloucestershire, © 2000 CHARLES NEAL, SuperStock.

Page 102/103: *Cottages en chaume,* © 2000 KYFFIN WILLLIAMS, John Noot Galleries, Broadway, Worcs., Bibliothèque d'Art Bridgeman.

Page 104: *Pluie dorée,* GIOVANNI BATTISTA SPINELLI, Hôtel Mona Lisa, Firenze, Scala.

Page 107: *L'estanque, vue du Golfe de Marseille,* PAUL CEZANNE Musée d'Orsay, Paris, AISA.

Page 108: *Cuisiner sous le manguier,* FERNANDO C. AMORSOLO, Collection privée.

Page 110/111: *Fosset, eau stagnante,* © 2000 FERNAND KHNOPFF, Bib. d'Art Bridgeman.

Page 112: *Dans le verger,* LUCIEN FRANK, Galerie Berko, Fine Art Photographic Library.

Page 114/115: *Iris.* VINCENT VAN GOGH, Musée J. P. Guetty. CA, SuperStock.

Page 116/117: *Dans le jardin* CHARLES ANGRAND. Musée des Beaux-Arts, Rouen, Bibliothèque d'Art Bridgeman.

Page 119: *Bras de Seine à Giverny.* CLAUDE MONET, Collection privée.

Page 120/121: *Soleil d'hiver à Niederrhein,* © 2000 MAX CLARENBACH, Galerie Paffrath.

Page 122: *Lilas,* A. JUERGENS. Collection privée.

Page 124: *Clair de lune sur le lac, Roundhay Prk.* JOHN ATKINSON GRIMSHAW. Fine art Photographic Library.

Page 126: *Nénuphars,* CLAUDE MONET, Musée de l'Orangerie, Paris,

Page 129: *Mauve et blanc.*© 2000 MARTHA WALTER, David David Gallery, Philadelphie, SuperStock.

Page 130/131: *Glace en dégel sur la rivière Lysaker,* FRITZ THAULOW, Bibliothèque d'Art Bridgeman.

Page 132 *Hortensias sur plateau d'argent,* PAUL CESAR HELLEU, David David Gallery, Philadelphie, SuperStock.

Page 134: *Dans la forêt de Fontainebleau,* PIERRE AUGUSTE RENOIR. Librairie d'Art Bridgeman.

Page 137: Artiste inconnu. Collection privée..

Page 138/139: *Mouvement de la mer,* © 2000 JOHN HOLLIS KAUFMANN. SuperStock.

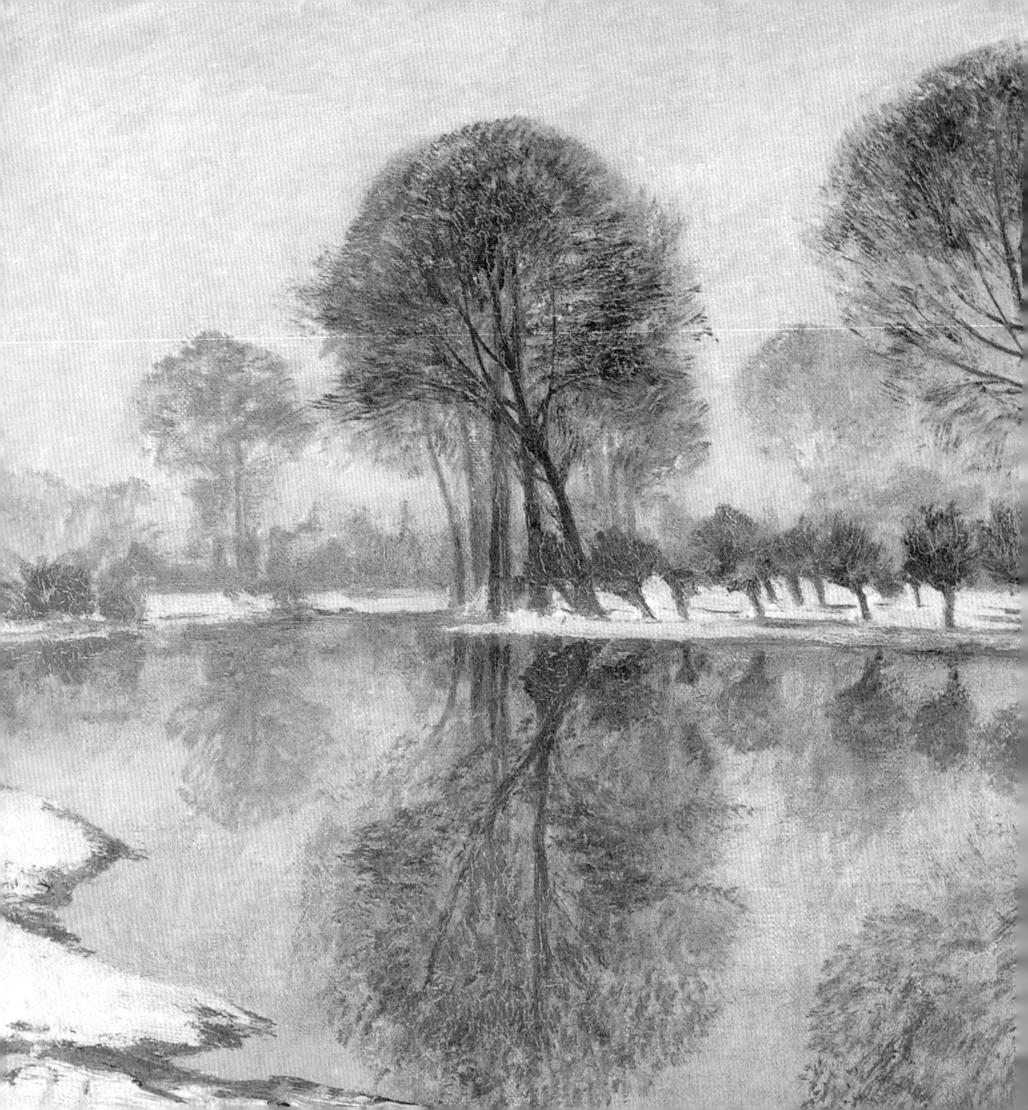